华夏智库·企业培训丛书

商战坂路

通过模式创新打造无中生有的商业策略

杨谨源·著

经济管理出版社
ECONOMY & MANAGEMENT PUBLISHING HOUSE

图书在版编目（CIP）数据

商战掘金路/杨谨源著 . —北京：经济管理出版社，2014. 12
ISBN 978 - 7 - 5096 - 3513 - 1

Ⅰ. ①商… Ⅱ. ①杨… Ⅲ. ①商业模式—研究 Ⅳ. ①F71

中国版本图书馆 CIP 数据核字（2014）第 283848 号

组稿编辑：张　艳
责任编辑：张　艳　范美琴
责任印制：黄章平
责任校对：赵天宇

出版发行：经济管理出版社
　　　　　（北京市海淀区北蜂窝 8 号中雅大厦 A 座 11 层　100038）
网　　址：www. E - mp. com. cn
电　　话：（010）51915602
印　　刷：北京晨旭印刷厂
经　　销：新华书店
开　　本：720mm×1000mm/16
印　　张：13
字　　数：227 千字
版　　次：2015 年 1 月第 1 版　2015 年 1 月第 1 次印刷
书　　号：ISBN 978 - 7 - 5096 - 3513 - 1
定　　价：39. 00 元

序

商业掘金背后的真实逻辑

当今有很多企业的商业活动被称为奇迹，为什么是这些企业取得了成功，掘到了真金白银？因为这些企业的思维、商业模式、战略运营手法与众不同。新形势下，商业掘金正当时。本书通过大量实例，从八个方面来揭示成功企业商业掘金背后的真实逻辑。

"思维破冰"，通过企业转变思维方式成功经营的案例，揭示了互联网思维对传统思维的突破和创新，展示了互联网思维下的商业格局和中国未来商业形态将呈现出的新趋势。强调企业在新形势下要从观念和方式上打破原有思维模式，完成破冰之旅，推动企业发展。

"新商业模式打开掘金路"，揭示了新商业模式的现实意义。强调新商业模式的建立是企业掘金途中的必然之举，选对人是商业模式成功的前提，好的商业模式必须能够复制加改良，在信息不对称中确立差异化模式，以及新商业模式下以客户价值为导向的理念。

"核心竞争掘金思维"，体现了人类思维在商业领域前所未有的大发展。通过对服务思维、平台思维、微创新思维、简约思维、极致思维、跨界思维、整合思维、顺势思维、云商思维、大数据思维、粉丝思维、用户思维、免费思维等思维形式的阐述，揭示了互联网思维对全生态重新审视的思考、"求真、开放、平等、协作、分享"的互联网精神，以及"万物皆可以互联，互联成全生态"的掘金思维范式。

"战略突围：大佬们的掘金路"，以实例证明了制定和实施企业战略的重要性、必要性和可操作性。战略突围成功的企业如苹果、谷歌、百事可乐、佳能、万向集团、东鹏瓷砖、美元树、雪津啤酒、酷贝拉、瑞卡租车等，其战略是一个自上而下的整体规划过程，这些企业的实战经验涉及公司战略、职能战略、业务战略及产品战略等几个层面的内容。

"激活企业内部掘金体系"，强调企业必须练好"内功"，通过内部建设，激活内部系统，形成一种昂扬奋进的力量，同时建立激励和约束机制，从而使企业内部全员的行为和行为结果向着企业所期望的大方向转化和发展。

"盘活资本：商场获利和掘金的杠杆"，指出实现产业资本与金融资本有机融合，将成为现代企业商场获利和掘金的杠杆。在新的历史条件下，企业应该转变观念，加强内部资金管理，盘活资金存量，以股权融资、寻求风投、众筹等形式对接资金市场，提高企业的资本运作能力和获利能力。

"整合：预见未来的商业新动向"，强调资源整合的重要性，指出资源整合的途径和方法。在整体上了解商业运作的前提下，通过整合行业多元化资源、客户资源、信息资源、渠道资源，从而获得转型和发展，并据此预见商业新动向。

"文化运营：企业生存和发展的灵魂"，在新的形势下，市场竞争的核心是企业文化的竞争。优秀企业文化的激励功能、约束功能和凝聚功能，能够影响员工的行为模式，对提高业绩产生促进作用。企业应当与时俱进，积极推动企业文化的变革，以适应环境变化，获得生存和竞争优势。

成功者必有其成功的道理，成功的商业掘金背后同样也有其真实逻辑。如果你的企业也想在掘金路上收获真金白银，就需要掌握这些本领，如此则有可能演绎出新的成功逻辑！

目　录

第四章　战略突围：大佬们的掘金路 ………………………… 73

第一章　思维破冰

互联网思维是对传统思维的"破冰之举",是商业活动中思维方式的革命性进步。在移动互联网时代,个人和企业都需要互联网思维,即在移动互联网、大数据、云计算等科技不断发展的背景下,对市场、用户、产品、企业价值链乃至对整个商业生态进行重新审视的思考方式。要改变自己,就要先从思维和观念上改变,观念变则人生变,思维变则企业兴。

"三只松鼠"为什么发展这么快

如果在当下言及"淘品牌",就必谈"三只松鼠"。安徽三只松鼠电子商务有限公司成立于 2012 年,是一家以坚果、干果、茶叶等森林食品的研发、分装及网络自有 B2C 品牌销售的现代化新型企业。"三只松鼠"品牌一经推出,立刻受到了风险投资机构的青睐,先后获得 IDG 的 150 万美元 A 轮天使投资和今日资本的 600 万美元 B 轮投资。

下面,我们从寻找蓝海、对话式营销和适销对路 3 个方面,来展示"三只松鼠"卓有成效的营销战略,并借此揭示它为什么发展这么快的秘密。

☞在红海中挖掘蓝海

"三只松鼠"在众多网络品牌中脱颖而出,它于 2012 年 6 月在天猫上线,

65 天后成为中国网络坚果销售第一；2012 年"双十一"创造了日销售 766 万元的奇迹，名列中国电商食品类第一名；2013 年 1 月单月销售额超过 2200 万元；一年多时间，累计销售过亿元，并获得今日资本 600 万美元 B 轮投资。

"三只松鼠"为什么可以成长得如此之快？清晰可见的是"三只松鼠"的蓝海战略。坚果类市场是个竞争激烈的"红海"市场，但"三只松鼠"的创始人、被称为"松鼠老爹"的章燎原扬弃了其他坚果的很多招数，在坚果类红海市场中找到了属于他们的未来更大的"蓝海"市场，既创造了网络营销奇迹，更给消费者带来愉快的感受。

"三只松鼠"的松鼠宠物与主人的趣味化定位和极致优服务，给人一种独特、松弛和喜悦的感受，也是现实与虚拟的交汇，现实生活中的压力可以在拟人化的轻松氛围中得以释放，开怀一笑。鼠小果、鼠小茶的清晰化品牌定位，鼠小美的森林大使代言，鼠小箱、鼠小袋、鼠小器、鼠小夹、鼠小巾这些妙趣横生而又周到细致的小器具、小革新、小精致，让人感动、爱不释手，同时拒绝其他零食的谄媚，删繁就简，与三只松鼠一起感受别样新生活。

"三只松鼠"准确的品牌定位和差异化产品及服务，为自己开拓了蓝海市场。

☞对话式营销

中国商人足够多，以至于任何蓝海都是红海，只不过有的是浅红，有的是深红。以碧根果为代表的新一代坚果市场，是个浅红，这个浅红市场很热闹，竞争很残酷，以至于越来越接近于深红。在这种情况下，章燎原针对互联网，开创了全新的品牌塑造方式，这就是对话式营销。

其实，对话式营销的雏形早已有之，比如，传统的服装小店，老板娘是代言人；淘宝很多百万级卖家，老板有一个口语化的自称，页面到处是自言自语。而"三只松鼠"的对话式营销，成为了支撑其快速发展的第二个关键。

"三只松鼠"运用互联网思维，采取对话式营销，店小二在面对买家时以"主人"相称，这种与用户之间的沟通也让这个品牌不断被熟悉、被接纳。这种交流从店小二的话术、即时沟通、店内促销及广告内容等，都可以传达"三只松鼠"这个品牌的亲民态度。"三只松鼠"品牌选择的品牌代言人则是最为虚拟的松鼠形象，这种形象不仅和坚果的休闲零食特质是符合的，也是最为亲民的。

所以我们看到，不论是"三只松鼠"描述页的第一屏，还是松鼠包裹的附送物，抑或是松鼠客服的个性化，都是"三只松鼠"这个卡通形象的表现，其表达的明显信号是——"我和你交流了，你一定会记住我！"这种全新的品牌塑造是全程的，是一以贯之的，是统一和谐的，从而使对话式营销的效果愈加明显。

☞适销对路

从根本上说，传统营销的套路，是没法在互联网打造品牌的，因此必须开创新的套路。而"三只松鼠"既然选择互联网这个平台，就必须寻找适合销售对路的优质来源，这就是所谓的"适销对路"。

适销对路完整的流程应该是，先找到有优质流量来源的市场，然后加大投入，如图 1-1 所示。

找到优质来源，对"三只松鼠"来说，就像"天猫"、"双十一"、"聚划算"、"一号店"一样，都是一个个优质沟通平台，更是一个个优质销售平台；然后通过对话式营销提升转化率；接下来进行资源倾斜，全力投入相应渠道费用。

适销对路是"三只松鼠"综合实力的展现，非一朝一夕之功，也不是更换一个经理就可以达到的，需要从 CEO 到客服对"电商"这个概念的一致理解。从这个意义上讲，章燎原确实非同凡响，他能迅速地实现适销对路，并使之成为支撑"三只松鼠"快速发展的第三个关键。

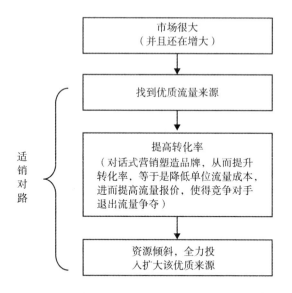

图1-1 适销对路完整流程

章燎原曾经说过,"三只松鼠"代表的是一个互联网品牌,甚至是一个年轻时代的符号。年轻一辈人的网购希望获取快乐,需要有更好的互动和愉快的心情,"80后"、"90后"需要什么,"三只松鼠"就做什么。章燎原要时刻知道"80后"、"90后"需要什么,正因为如此,所以他与其他老板最大的不同就是他愿意花更多的时间去与客户沟通,让自己的产品更加适合消费者。

上述3个关键点,构成了"三只松鼠"的营销战略核心。由此我们也看到,"三只松鼠"从产品思维模式一步步走到现在的互联网思维模式,取得了快速发展的业绩,也打破了坚果市场品牌礼品化的"一窝蜂"式的模仿跟风窘相。其实,这也应该为许多企业在调整思维模式,以互联网思维进行经营时所借鉴!

成商在变：世界变了，玩法也要变

在互联网的世界，一切坚固的东西都烟消云散了。电商的冲击让传统零售商陷入深深的焦虑。但这种焦虑并非只存在于传统零售，随着渠道的扁平，电商的竞争也变得前所未有的激烈；同时，消费者的兴趣也出现了极大的分化，生产的高效已经不是第一位的价值了，相比之下，消费者的认同价值正在逐渐凸显。显然，对于品牌商、渠道商、零售商甚至是电商来说，要想在这一轮巨变中生存下来，最重要的就是要改造自己，培养适应互联网商业的新思维。

互联网的到来，一夜之间，这个世界变了，成功的商业活动在于适应这种变化，其"玩法"也在变。

☞玩数据

互联网机遇在于能不能发掘大数据的金矿。互联网产品的一大便利是可以实时获得大量用户的行为数据，基于这些数据可进行产品决策。也可以采用 AB 测试等方法主动比较不同的设计方案。

淘宝知道各地女性的罩杯数，这不是逻辑思维的结果，而是基于大数据的相关性分析。淘宝有一个特设的数据部门：商业智能部（BI）。他们每天的工作就是把日成交额、访问用户数等数据统计之后放入报表，让淘宝决策层能够清楚地了解业务状况。

此时的淘宝不再是一个卖家挂货、买家购物的购物平台，开始关注数据产生出来的意想不到的价值。

马云宣称数据是阿里巴巴未来的三大战略方向之一："阿里未来本质上

是一个数据公司。"电商越来越离不开数据，金融的核心也是数据。阿里设立首席数据官，并把首席数据官陆兆禧升任 CEO，这些都显示马云的大数据战略萌动生芽。

对数据的重视，是互联网时代认知方式的巨大改变。

☞玩跨界

2013 年，互联网界最热门的关键词是什么？不是"并购"，不是"上市"，而是"跨界"。

有人说，对传统企业来说，互联网无疑是一个错过了就会后悔的饕餮盛宴。一些在线下被用滥了的营销策略，搬到线上，也许就是一个令人拍案叫绝的新商业模式；而过去一直无法在线下实现的商业想法，在互联网上却意外地能发挥巨大的能量。

时至今日，互联网已经成为一个绝佳的商业模式孵化器，硝烟四起，也就成了一个比拼商业智慧的战场。于是，随着互联网企业与传统企业彼此跨界、相互碰撞，新的商业想法将不断涌现，无论是三星推出手机电脑，还是苹果创造 Apple TV，每次创新都掀起一波话题浪潮。

客厅也能爆发"争夺战"：巨大的市场前景正吸引各路资本争相涌入智能电视领域。其中，以乐视网、小米科技、百度爱奇艺、阿里巴巴等为首的多家互联网厂商，也成为国内智能电视市场的新"淘金者"。

☞玩"极致"

极致在哪里？哪里是极致？其实，没有你做不到的，只有你想不到的。卖化妆品的赚得钵满盆满之后，也卖起牛腩。阳春白雪，踏雪无痕。

在淘宝平台上化妆品销量第一的阿芙精油，创始人孟醒以"黑马"的姿态杀入餐饮业，创办了一家名为雕爷牛腩的餐厅。开业两个月，雕爷牛腩就实现了所在商场餐厅单位平效第一名，成为北京"撞星率"最高的餐厅。而

且，仅凭两家店，雕爷牛腩就已获投资 6000 万元，风投给出的估值高达
4 亿元。

雕爷牌牛腩化腐朽为神奇的"幕后法门"，就是用互联网思维做餐
饮——菜品种类少且精致，追求极致的用户体验！

玩极致玩得好，跨界绝对不是天方夜谭。这里说的"极致"，指的是基
于极致的性能，抓住用户的痛点、痒点或兴奋点！

被称为"乔帮主"的乔布斯并没有真正伟大的物质发明，个人电脑和智
能手机都不是他原创，他最伟大的是重新定义了"产品经理"这个角色，把
产品玩到了极致中的极致。如今，他虽然不在，世界却因他而改变。

☞玩速度

互联网时代，绝对需要"抢闸出击"。戴尔的库存可以做到 7 天，联想
则需要 28 天，它们的差距就是"世界"与"中国"的距离。

微信的开发者张小龙曾经做过一个比较。他说，研发产品时，马化腾从
一个工程师思维切换到用户思维只要 5 分钟，他大概需要 15 分钟。

有 11 年培训经验的中国培训网率先课程"网络化"，推出"网络商学
院"，实现企业培训"即时"学习。鼠标一动，我们与所需课程距离不超过
"3 秒"。

速度让一切需求近在眼前。

惠普卡莉·费奥莉娜说："互联网时代意味着互联网速度。"

何为"互联网速度"？其实质是：每一秒都来得及，每一秒又都是迟到。
一再迟到，你还能玩什么？一句话，时至今日，如果你还不玩互联网，那就
真的没得玩！

在互联网红利消失、电商环境也发生变化的今天，一众企业电商都深切
感受到"玩法已经变了"。在当今时代，进入行业中的可能不是行业内部的
力量，因此，每个企业都要居安思危。商家不自主改变，环境就会改变商家。

移动互联网影响下的商业格局

从线下实体到线上电商，再到移动互联网电商，短短 30 年的市场演化，形成了相互关联，又彼此独立的"三个世界"结构。2014 年，被称为"第三世界"的移动互联网正式登上舞台，开始重构市场结构，普遍称为移动互联网元年。图 1 – 2 体现了移动互联网发展趋势：

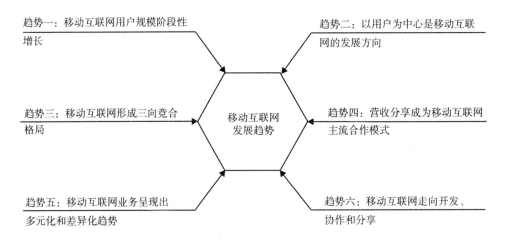

趋势一：移动互联网用户规模阶段性增长

趋势二：以用户为中心是移动互联网的发展方向

趋势三：移动互联网形成三向竞合格局

移动互联网发展趋势

趋势四：营收分享成为移动互联网主流合作模式

趋势五：移动互联网业务呈现出多元化和差异化趋势

趋势六：移动互联网走向开发、协作和分享

图 1 – 2　移动互联网发展趋势

从移动互联网元年开始，在移动互联网的影响下，中国市场的商业形态将形成新的格局。

☞基本格局："三个世界"，各显神通

"三个世界"作为新世界的颠覆力量不可阻挡。换言之，企业在"三个世界"的市场环境下，都要在主动颠覆与被动颠覆之间做选择。

实体店的坐商模式，被淘宝、京东的电商模式冲击得门可罗雀或成为消费者抄货号的橱窗，实体店难道不可以运用体验式创新，重新将消费者拉回来，让消费者找到逛街的乐趣吗？

淘宝、天猫、京东的综合性平台电商，依靠垄断流量、批发流量的商业模式，也走到了模式红利的尽头，向微信电商迁移只是其中一个方向，垂直品类电商、品牌电商、社区电商（LEC）、C2B、众筹电商等的崛起，才是淘宝、天猫爆炸式高增长的丧钟。

☞模式格局：O2O，一切渠道皆媒体

"三个世界"独立发展又互相关联，可以如万花筒般组合出无限形态，但最有效也最经济的形态必然是O2O。O2O不仅是线上支付、线下消费，而且可以衍生出各种各样的新商业模式。O2O是移动互联网时代营销的基本形态。在电商时代，是将媒体变成渠道；在O2O时代，所有渠道都变成了媒体。

在O2O的冲击下，行业边界会不断消失、融合，所有的品牌都需要在"三个世界"之间重新规划自己的销售版图，或者简单说，用O2O技术打通"三个世界"，让传播、销售、营销在"三个世界"之中无缝对接。

☞技术格局：一云多屏，云中生活，谁也离不开那朵云

从互联网上的微博、视频到移动互联网（手机），已经到来的家庭终端（智能电视），甚至未来的车载电视、显示屏媒体（写字楼、住宅、超市等），都将被无缝对接在多个不同的云系统之内，构成一云多屏、无缝对接的信息世界。云计算，是未来商业形态的基本技术单元。

SoLoMo（社交化、本地化、移动化）是新世界的3个特征，将这个新世界称为云社会最精确。在云社会里，一切社会生产力、生产关系及人际关系都将重新塑造。云计算、大数据、物联网、传感器、一云多屏、社会化媒体、电商、O2O、LBS、二维码等，都只是云社会的建筑材料。

☞社会格局：城乡扁平化，产业集群新景观

商业就是人的商业，有人就有商业，人的多少决定商业的荣枯。以二三线城市群崛起为标志，经济多中心的格局逐渐形成。

从城市群构想可以看到，中西部的"内陆崛起"形成经济多中心格局，这会带来产业集群的新一轮调整，而商业形态也必然随之改变。可以说，高铁、无线接入（4G 网络）、全民社保体系，是新型城镇化的推动力，也是商业格局的驱动力。淘宝村或许会变成"电商城"。

☞媒体格局：认同才有价值

2013 年底《新闻晚报》的停刊，给纸媒行业吹来一股刺骨的寒风。电视人王利芬也在 2014 年 1 月 14 日发出"电视无论如何就是一个夕阳产业"的感慨。

从纸媒到电视，这些过去通过垄断舆论就可以操纵受众认知的信息传播媒介，已经无可奈何花落去，与未来商业形态匹配的媒体格局具有 3 个特征，即多中心化、自媒体化和社群化。

☞消费格局：中阶的升级性消费成主流，个性化、审美化、生态化成为消费驱动力

社会、营销都变了，消费者自然也在变化。新消费格局就是，中阶的升级性消费成主流，个性化、审美化、生态化成为消费驱动力。

事实上，电商时代已经勾画出新消费格局的基本特征：一是反过度品牌化。凡客诚品的崛起与衰落，是对这一规则的生动注脚。二是反大规模工业化。全国雾霾的残酷现实，为工业化敲响警钟。三是反奢侈化。"习李新政"对反腐的坚决态势，给腐败驱动的奢侈品消费设置了天花板，奢侈品牌不会消失，奢侈品消费也不会减少，但奢侈品依靠时尚媒体鼓噪与专卖店涨价，

"打劫"中国新富阶层与畸形送礼的消费格局，已经风光不再。

总之，"三个世界"是未来商业形态的基础，"三个世界"的市场观，要求企业必须超越电商与店商的二元思维，用更广阔的O2O、互联互通思维去认识市场，规划新商业帝国的营销战略路径。

未来商业形态的六大趋势

自从移动互联网元年拉开中国商业形态重构的序幕后，中国未来商业形态将呈现出新的趋势。在变化不大的环境下，格局决定趋势；在变化剧烈的环境下，趋势决定格局。

移动互联网可能影响、改变乃至重塑未来商业形态的趋势，包括以下6个方向：

☞零售业大势：零售业的关键成功因素不再是LDF，而是SSS

传统零售业一直有一句口诀，即LDF，是英文Location（位置）、Detail（细节）、Franchise（连锁化）3个词的缩写。LDF代表了传统零售业的基本商业模式和关键成功因素。在新的商业形态里，零售业的关键成功因素不再是LDF，而是SSS（Social，社群化；Service，服务化；Supply-chain，供应链）。

社群化体现为，企业与顾客不能只是交易关系，必须是社群化的生活伙伴关系才能生存；服务化体现为，传统零售的服务仅限于卖场内的便利，未来零售的服务必须提供直达家庭的服务；供应链体现为，在渠道决定购买的阶段，供应链体现为采购的强权与压价，未来供应链则体现为对优质供应资源的争夺与供应链关系的维护。

☞ MI +：社会元素的再定义

MI +，即 Mobile Internet Plus 的简写，意思就是基于移动互联网之上，可以添加一切社会元素。这就是我们正在进入的移动互联时代的基本特征，同时也意味着，不仅一切社会元素将因为移动互联网而改变，移动互联网还在创造各种新鲜的社会元素。因此，没有任何限制的"随意"跨界，是产业的大趋势。可穿戴设备、在线教育、互联网金融、乐视智能电视等，已经冲破边界清晰的传统产业空间。

MI +时代不是微信时代，也不是一切都"微"（微信、微店、微支付）的时代。MI +里的 M，指的是 Mobile（移动），而不是 Micro（微细），MI +时代里不仅有"微"创新，更有"巨"创新，绝不会是一切都变成微细。

☞品牌大势：品牌大势正在转向拼创意

"三个世界"、五大力量让品牌商拥有了更广阔的战略空间。在移动互联网时代，渠道与媒体的进入门槛规则都被打破。品牌大势正在从"拼爹"转向拼创意，这给独立品牌的崛起、诚意产品的风行提供了便利。

"三个世界"、五大力量让品牌商拥有了更广阔的战略空间，摆脱渠道与媒体的进入门槛。在传统模式下，进入全国性 KA 卖场与连锁便利店，至少需要 2000 万元以上的进店费，这是在没有任何销售额承诺下的一次性投入；实现全国化市场布局的费用很惊人，累计投入的渠道建设费用以数亿元、十几亿元计。而在移动互联网时代，上述门槛费规则都被打破。三只松鼠诞生两年，已经晋级坚果类前五位品牌；2013 年被热议的黄太吉煎饼、雕爷牛腩、江小白小酒、马佳佳情趣用品等，虽然规模还不大，但都已经显示了塑造全国化品牌知名度的另类路径与方法。品牌大势正在从"拼爹"转向拼创意，这给独立品牌的崛起、诚意产品的风行提供了便利，本来生活网的褚橙，就是品牌大势转变下农产品营销的成功案例。

☞顾客大势："粉丝式"顾客将成为企业销售的核心课题

在大数据时代，消费者趋于透明化。消费者及消费行为的大数据化，给企业与顾客建立关系提供了技术保障。在大数据时代，消费者趋于透明化。

淘宝数据可以显示地域、性别、星座、时间段购买的特征，每个消费者的网上消费记录，都被记录在案，变成可以回忆的消费历史；银行的信用与消费记录，记录着旅行的足迹。消费者及消费行为的大数据化，给企业与顾客建立关系提供了技术保障。可以说，"为产品找到滚雪球增长的顾客"，将成为企业销售的核心课题，而不是过去的渠道关系、终端关系、媒体关系。只要建立其顾客关系并构建粉丝互动渠道，企业将不再惧怕任何外部竞争与冲击。

☞媒体大势：未来商业形态的媒体核心——随时随身的连接

未来商业形态的媒体大势归结为一个核心：随时随身的连接，即"人物时点"的自由"连接"。这是一幅巨大的社会生活场景。

无限连接、永远在线，使得消费者掌握了主动权：如果任何传播让消费者讨厌，你就不要指望可以继续像恶俗的脑白金广告一样，用霸占黄金时间的强制广告向顾客心智里植入所谓超级符号，顾客会直接将你的品牌痕迹（App、公众号）从一切终端里删除。提示一下，移动互联网时代抛弃的代名词叫删除（Delete）。

☞世界大势：未来商业形态的最后一个趋势——中国品牌的世界化SSS

未来商业形态的最后一个重要趋势，是中国品牌走向世界。中国企业不仅要改造全球分工与产业链结构，中国品牌也一定会走出国门，与世界融为一体。在这个世界大势上，需要本土企业及时意识到其中的商机及自身应具备的运营能力，予以突破。

过去中国走向世界多是产品输出、劳务输出，未来一定会变成品牌输出、文化输出、生活方式输出、价值观输出。在这个世界大势下，真希望本土企业及时意识到其中的商机，以及需要自身具备的运营能力。

第二章　新商业模式打开掘金路

新商业模式是企业对现有资源和营销手段的整合，充分利用互联网和电子商务等手段，结合传统的流通渠道，进行有效的资源配比，以此让企业的销售实现短期盈利和长期品牌发展。新商业模式的建立是企业掘金途中的必然之举，其基本原则是：以价值创造为灵魂，以客户需求为中心，以信息网络为平台，以企业联盟为载体，以应变速度为关键。

商业模式：企业竞争中的驱动力

被誉为"现代管理学之父"的彼得·德鲁克说过："当今企业之间的竞争，不是产品之间的竞争，而是商业模式之间的竞争。"是的，21世纪的企业竞争的最高境界，不单单是产品的竞争、营销的竞争、服务的竞争等，其最高境界是一种商业模式的竞争。

商业模式关乎企业参与竞争的成败，因此主要会涉及商业模式的作用、走出商业模式的误区、积极进行商业模式创新，以及采用电子商务经营企业等几方面的内容。

☞商业模式的作用

商业模式在本质上是关于企业做什么、怎么做、怎么盈利的问题，对于个人或企业商业竞争发挥着至关重要的作用。

商业模式是决定企业能否快速、高效盈利的关键，将促使企业思考其所能提供的价值本身，更好地进行商业运营；同时，在很大程度上决定了企业核心竞争力的打造，并促使企业全方位地看待问题，全面聚焦客户需求，同时兼顾竞争对手。

商业模式的重要作用正如前时代华纳首席技术官迈克尔·邓恩所说："相对于商业模式而言，高技术反倒是次要的。在经营企业的过程当中，商业模式比高技术更重要，因为前者是企业能够立足的先决条件。"

☞走出商业模式的误区

商业模式是从整体角度考虑你的企业的一种工具，同时它不是静止的而是动态的，不是机械化的而是灵活的，还必须通晓各组成部分的相互关系。

事实上，很多企业的商业模式还存在一些误区，如表 2-1 所示。

表 2-1　商业模式误区及摆脱策略

误区表现	摆脱策略
将商业模式等同于企业战略	商业模式是告诉我们企业为什么存在和为什么能发展，它是企业最能创造价值的各种要素的组合，而战略仅仅是企业竞争运营层面的要素，是服从、服务于企业愿景和使命的，而商业模式远高于企业愿景和使命，它是企业的立足之本。同时，商业模式更强调企业价值的实现，而战略模式是告诉企业如何选择更好的自处和竞争并在竞争中获得自己的竞争优势
固守商业模式	任何一个商业模式都有其成功的因素，如对消费者的深入了解、对供应商的需求满足等，但每个商业模式同时又有自己的不利之处，优势发挥的同时劣势也在彰显。商业模式需要不断修正方可长盛不衰，一味地固守原有的商业模式，必将导致企业的延缓和衰退
刻意追求商业模式	不能为谋求商业模式创新而拼凑商业模式，商业模式的成功是多方面因素综合考虑的结果，我们不能为商业模式而商业模式，所有的商业模式其实只是实现既有商业目的的一种手段

续表

误区表现	摆脱策略
简单照搬商业模式	成功的商业模式有其成功的各种因素，所谓天时、地利、人和，是其对外界环境正确判断并且果断行动的结果，同时这种机会的把握又和其资源紧密匹配；简单地认为只要是有好的商业模式企业就一定能成功是不可取的
商业模式并不等同于运营竞争思维方式	运营竞争思维方式仅是对商业模式的实际运作进行了支撑，也是商业模式有效运行的重要环节，但它并不是商业模式。运营竞争思维方式在很大程度上是对产品同化、渠道同化、品牌同化、促销同化、执行同化等起到了推进作用

如果商业模式设计失误，任凭企业资金多么雄厚、资源多么丰厚，再多的千军万马最后也会累死白搭。

☞积极进行商业模式创新

商业模式创新是一个集技术、经济、文化等因素为一体的复杂的过程，在此过程中积累的支持商业模式创新成功的资源和能力具有很强的隐含维度和社会复杂性，其产生于组织技能和公司学习，同时其发展也与以前的学习水平、投资、资产和发展活动相关，从这个意义上看，这些资源和能力的发展是路径依赖的。

商业模式创新的组成板块及功能，如表 2 - 2 所示，相信可以从其中所述得到有益的启示。

表 2 - 2　商业模式创新的组成板块及功能

构成模块	模块构成元素	模块功能
价值主张模式创新	界定目标顾客	清晰地界定主要客户群、辅助客户群和潜在客户群
	挖掘价值需求	挖掘客户的功能价值需求、体验价值需求、信息价值需求、文化价值需求
价值创造模式创新	创新业务活动	将业务活动创新性地提供给系统分解集成商、专有零件（模块）供应商、通用零件（模块）供应商
	设计成本结构	对成本布局、成本控制进行设计

续表

构成模块	模块构成元素	模块功能
价值传递模式创新	分销渠道创新	对行业的传统经销制、直销制，和界于中间的助销制、经销制＋直销制
价值网络模式创新	设计伙伴关系	对正式制度安排、非正式制度安排设计
	创新网络形态	对产品流形态、收益流形态、信息流形态创新

创新并设计出好的商业模式，是商业界普遍关注的新的焦点，商业模式创新被认为能带来战略性的竞争优势，是新时期企业应该具备的竞争驱动力。

☞采用电子商务经营企业

电子商务是商务领域的一场信息革命，它对现代人们的思维方式、人类的经济活动、人类的工作方式和生活方式都产生了越来越大的影响。电子商务模式随着其应用领域的不断扩大和信息服务方式的不断创新，其类型也层出不穷，主要可分为5种类型，如表2-3所示。

表2-3　电子商务模式类型

类　型	说　明
C2C模式	Consumer to Consumer 即 C2C，是消费者与消费者之间的电子商务。这种交易方式是多变的。例如消费者可同在某一竞标网站或拍卖网站中，共同在线上出价而由价高者得标。或由消费者自行在网络新闻论坛或 BBS 上张贴布告以出售二手货品，甚至是新品，诸如此类因消费者间的互动而完成的交易
B2C模式	Business to Consumer 即 B2C，是企业与消费者之间的电子商务。企业厂商直接将产品或服务推上网络，并提供充足资讯与便利的接口吸引消费者选购，这也是目前最常见的作业方式，例如网络购物、证券公司网络下单作业、一般网站的资料查询作业等，都是属于企业直接接触顾客的作业方式

续表

类　型	说　明
B2B 模式	Business to Business 即 B2B，是企业与企业之间的电子商务。B2B 是电子商务的主流，也是企业面临激烈的市场竞争、改善竞争条件、建立竞争优势的主要方法。开展电子商务，将使企业拥有一个商机无限的发展空间，这也是企业谋生存、求发展的必由之路，它可以使企业在竞争中处于更加有利的地位。B2B 电子商务将会为企业带来更低的价格、更高的生产率和更低的劳动成本以及更多的商业机会
O2O 模式	Online To Offline 即 O2O，是线下商务与互联网之间的电子商务。O2O 通过网购导购机，把互联网与地面店完美对接，实现互联网落地。让消费者在享受线上优惠价格的同时，又可享受线下贴心的服务。该模式最重要的特点是推广效果可查，每笔交易可跟踪
BOB 模式	BOB 是 Business Operator Business 的缩写，意指供应方（Business）与采购方（Business）之间通过运营者（Operator）达成产品或服务交易的一种新型电子商务模式。BOB 模式是由品众网络科技推行的一种全新的电商模式，它打破过往电子商务固有模式，提倡将电子商务平台化向电子商务运营化转型，不同于以往的 C2C、B2B、B2C、BAB 等商业模式，它可将电子商务以及实业运作中品牌运营、店铺运营、移动运营、数据运营、渠道运营五大运营功能板块升级和落地

电子商务是一个发展潜力巨大的市场，极具发展前景。电子商务双向信息沟通、灵活的交易手段和快速的交货方式的特点，打破了时空限制，改变了贸易形态，大大加速了整个社会的商品流通，有助于降低企业成本，提高企业竞争力，尤其能够使中小型企业直接进入国际市场参与国际市场竞争。电子商务给消费者提供了更多的选择，提供了更好的便利性。

商业模式成功的前提：选对人胜过做对事

在商业气息浓郁的今天，商业经营模式已经成为政府产业规划和企业家思考的重要问题。建立一套强有力的商业竞争模式，是决定商业盈利及企业经久不衰的关键。但很多商业人士在打造商业模式时，却忽视了人才在其中发挥的重要作用。

　　企业的"企"字，其结构上由上面的"人"和下面的"止"构成，寓意是企业失去人将停止。这里的人应该指的是人才。好的商业模式与优秀的人才是分不开的，只有好的商业模式而没有优秀的人才，好的商业模式也一定发挥不出完全的效能。

　　选对人是商业模式成功的前提，选对人胜过做对事。在这方面，联想控股董事长兼总裁、联想集团创始人柳传志"选对人，给舞台"既是他成功的关键，更是对"选对人"这个问题的最好诠释。

　　联想集团创业 27 年，现在已经成为全球第二大计算机厂商。柳传志在2011 年中国企业竞争力年会上，把联想的成功归结为 4 点：搭建组织架构；选对人，给舞台；品牌、文化和管理的沉淀；产权机制改革。

　　柳传志的"选对人，给舞台"，包括了从物质到精神对人才的投入。他认为为行业选拔一名领军人物，"选对人是很重要的。"谈及怎么"选对人"，被员工誉为"伯乐"的柳传志表示："这个人不仅能够独当一面，还要有博大的胸怀，以及非常强的学习能力。"

　　在长期实践中，柳传志注重的不仅仅是干活，更是要通过干活怎么带出人，培养出人，他说，"这是我最重要的工作"。另外，就是要给人以施展才华的舞台，"这个舞台包括从物质到精神，使他们在这个行业，在这个舞台上是真正的主人，这样，我们的事业才能真正做大"。

　　联想竞争对手的失败也常常令柳传志反思。他认为，就是因为这些企业没有主人，公司董事全都是独立董事，高管的利益跟董事的利益、公司利益毫无关系。在这种情况下，公司很容易被攻击，管理层也制订不出企业长久发展的战略。

　　柳传志认为："对于一个立足于长远发展的企业，只有保证继任者的主人地位，真正以人为本，才有可能让联想控股按照自己的目标发展。"

　　为了让掌管公司战略方向、未来命运的核心骨干得到长期激励，柳传志对联想控股进行了股份制改造和调整，使企业员工享受到了股权激励。

杨元庆持有联想集团的股份一事，也是柳传志使"联想核心管理层成为企业真正主人"的部署之一。2011年6月，联想控股向杨元庆出售了8%的联想集团股权，这些股份由杨元庆个人贷款购得，杨元庆也成为联想集团最大的个人股东。

柳传志说，杨元庆买了股份以后，不需要他再具体为企业能不能长远发展的目标而操心了，因为杨元庆一定会把他自己作为集团真正的主人而工作。

按照柳传志的设计，未来，联想控股新的管理层将持有一部分联想控股的股权，与中科院、联持志远（原职工持股会）、中国泛海，一起成为联想控股的股东。

所谓"千军易得，一将难求"，新的管理层由此成为联想控股管理层中的主人。柳传志说，即使将来"我退休以后，新的管理层依然会像主人一样管理整个公司。联想控股的未来就是一个永远会有主人的企业"。

事实说明，企业应该致力于培养和收集有实践经历的人才，以适应商业模式创新的需要。因为再好的商业模式都需要由相配的优秀人才来执行，执行中即便发现原有的商业模式并不完美还可以进行不断的修正，因为有人才能够发现不足和改变不足。

创新不一定非要创造，模式创新也等于"复制＋改良"

商业模式创新不一定非要自己来创造一个模式，也是可以模仿的，只要经过复制与改良，把别人的模式变成适合自己的模式，那么就是好模式，就是成功的模式。

☞成功商业模式的主要特征

要想复制和改良别人的模式为自己的成功模式，首先需要了解"成功商业模式"具有哪些特征。

首先，基于产业价值链的分解所形成。商业模式创新主要体现为以技术为基础、依托产业价值链、着力管理创新的方式。其中，基于产业价值链这一外生因素的价值定位、盈利源选择、盈利点选择是至关重要的。因此，依托产业价值链挖掘商业机会、展开商业模式创新成为商业模式建构与实践的"分水岭"。而商业模式最核心的部分——盈利模式，恰恰完全依赖于对产业价值链的分解。

其次，有独特的、持久的盈利模式。商业模式最为关注的不是交易的内容而是方式，其目的不在于概念的重整而在于实现营收与利润，因而盈利模式是成功商业模式的核心要素。同时，一个盈利模式必须有一定的价值主张及运营机制的支撑，因而是成功商业模式的集中体现。成功的商业模式必须具备一定的独特性与持久性。所谓"独特性"，就是能构成企业的竞争优势，且在同一行业中难以被竞争对手模仿或采用；所谓"持久性"是指能够支持企业持续盈利。

最后，具有一定的原创性或较强的创新性。创新是一种商业模式形成的逻辑起点与原动力，也是一种商业模式区别于另一种商业模式的决定性因素。因而创新性成为成功的商业模式的灵魂与价值所在。

☞可以复制与改良的商业模式

可以复制与改良的成功商业模式来源于一批在持续经营、盈利能力、核心竞争力、增长态势、影响力与体量等方面表现突出，在成功度、创新性方面优异的企业。下面列举的这些只是其中的一部分。

一是腾讯模式。在一个巨大的便捷沟通平台上影响和改变数以亿计网民

的沟通方式和生活习惯，并借助这种影响嵌入各类增值服务。该模式创新性是，借互联网对人们生活方式改变之力切入市场，通过免费的方式提供基础服务而将增值服务作为价值输出和盈利来源的实现方式。

二是阿里巴巴模式。通过在自己的网站上向国内外供应商提供展示空间以换取固定报酬，将展示空间的信息流转变为强大的收入流并强调增值服务。该模式创新性是，通过互联网向客户提供国内外分销渠道和市场机会，使中小企业降低对传统市场中主要客户的依赖及营销等费用并从互联网中获益。

三是携程模式。通过与全国各地众多酒店、各大航空公司合作以规模采购大量降低成本，同时通过消费者在网上订客房、机票积累客流，客流越多携程的议价能力越强其成本就越低，客流就会更多，最终形成良性增长的盈利模式。该模式的创新性在于，立足于传统旅行服务公司的盈利模式，主要通过"互联网＋呼叫中心"完成一个中介的任务，用IT和互联网技术将盈利水平无限放大，成为"鼠标＋水泥"模式的典范。

四是苏宁电器模式。基于SAP系统与B2B供应链项目、通过降低整个供应链体系运作成本、库存储备并为客户提供更好的服务这一"节流＋开源"的方式实现营收。该模式的创新性在于，以家电连锁的方式加强对市场后端的控制力，并以此为基础加强向上游制造环节的渗透，使零售与制造以业务伙伴方式合作提高整个供应链的效率，进而打通整个产业价值链以谋求更高价值回报。

五是百度模式。采用以效果付费的网络推广方式实现营收。其创新性在于，借助超大流量的平台优势，联合所有优质的各类网站建立了世界上最大的网络联盟，使各类企业的搜索推广、品牌营销的价值、覆盖面均大幅提升，并从中扩大盈利来源。

六是华为模式。主要依靠整个通信产品的整个产品生命周期赚钱。其创新性在于，凭借通信设备领域整个产品生命周期上完整的产品线的营收，以牺牲暂时的亏损为代价，将投入市场的新产品按两三年后量产的模型定价，利用以企业规模效益、低耗与高效的供应链管理、非核心环节外包、流程优化等方法挖掘出的成本优势挤垮或有效遏制国内竞争对手，并利用研发低成本优势快速抢夺国际市场份额，从而形成著名的"华为优势"。

七是巨人模式。尽管在表面上"脑白金"、"黄金搭档"、"黄金酒"用的是传统盈利模式，而"征途"游戏采用"基础服务免费＋道具收费"的模式，但实质上巨人是通过营销创新形成的产品服务新概念实现营收。其创新性在于，紧紧围绕消费者的消费习惯、消费决策处境、消费心理、消费心态等实际需求，用全新的"营"与"销"的方式将实际品质不高的产品或服务赋予全新的概念，并以较短的销售渠道、较宽的销售网络从侧翼迅速介入市场。

八是联想模式。在产业升级的过程中，逐步由以往的大规模低成本制造作为盈利源开始向以服务增值作为盈利增长点的方向转变。其创新性在于，在缺乏甚至一度弱化自主知识产权的"弯路"下，依托庞大的国内市场与政府支持，利用民族情结建立起庞大的营销体系、服务网络与市场优势，逐步以产业后端市场的控制力提高对产业中端资本的控制力，进而以产业中端资本的控制力提升对产业前端技术的控制力。

☞成功商业模式的借鉴意义

从经济发展阶段来看，"成功商业模式"不必苛求完全原创但也不能完全模仿，需要将中国人的特定思维或特质与特殊的市场经济发展环境相结合，形成经世致用的商业模式。比如，上述成功商业模式就在不同的领域与产业价值链条上做出了不同程度的创新。

成功的商业模式非常一样而又非常不一样。非常一样的是这一模式创新性地将内部资源、外部环境、盈利模式与经营机制等有机结合，不断提升自身的营利性、协调性、价值、风险控制能力、持续发展能力与行业地位等。非常不一样的是这一模式是在一定条件、一定环境下的成功，更多地具有个

性，不能简单地拷贝或复制，而且必须通过不断地修正才能保持企业持久的生命力。因而，商业模式的"复制＋改良"永远是商业智慧的核心价值。

差异化模式：信息不对称中的变革

不对称信息指的是在商业活动中，交易双方对于他们面临选择的有关经济变量所拥有的信息并不完全相同，即某些参与方比别人知道的信息更多。

不对称信息是许多商业情况都有的特点。例如，厂商和消费者常常因缺乏对手和交易品的信息而无法预期可能的收益；保险公司对投保人的具体状况缺乏足够的信息；拍卖商不知道主顾究竟肯出什么样的价格，而欲购者同样也不了解其他竞购者愿意支付多少钱；雇主并不清楚每个雇员的工作能力和努力程度等。

在改革开放之初，因为信息是缺乏的，企业容易引导消费者的购买行为。但是在今天，互联网改变了信息不对称的状态，信息是完全充分的，而且互联网扮演着加速信息充分的角色。这样的结果是，消费者越来越难以引导，消费者对信息的收集能力和可行度方面都不难，以至于实体经济越来越难。那么，在当下如何才能比别人做得更好呢？那就是差异化模式。

差异化，即与别人做的不一样，这就是"差异化"一词的本意。很多企业正是通过新的商业模式实现了差异化，从而消除了消费者方面的信息缺失，获得了巨大成功。

☞阿里巴巴的新商业模式

阿里巴巴的理念是针对中小企业提供服务，我们都知道，在阿里巴巴出现之前，中小企业寻找供应商是非常困难的，很多企业只能在很小的范围内选择供应商，这样他们的成本就可能不是最低的，而且，很难选择到最佳的供应商。因为供应商和本企业的信息没有得到很好的匹配，也就是信息不对称。而阿里巴巴的出现，恰好解决了这一难题。

阿里巴巴就像是个百货商场，各个需要供应商的就像是逛商场的人，这样他们的信息得到了对称，从理论上说，只要经过公司的研究就能物色到最佳的供应商。因此，阿里巴巴就通过服务于中小企业，解决了他们之间的信息不对称，所以马云的团队成功了！阿里巴巴仅仅通过7年的时间就在纳斯达克市场上市。

同样，淘宝网也是沿袭了阿里巴巴的特点，在C2C业务上获得了极大的成功。现在出现了很多票代公司，而且屡试不爽，就是因为他们改变了信息不对称！

阿里巴巴的这种新商业模式改变的是信息不对称，可以印证这样一条真理：不在于你有多少资源，而在于你能整合多少资源。同时也说明，改变信息不对称是现在和未来商业发展的新模式，因为它能极大地整合资源。新商业模式的产生，关键在于自己的眼光。在当今的信息社会，互联网已经成为一种社会公共设施，因此，如果利用好"互联网+信息不对称变革商业模式+你认定的行业"，成功是必然的。

☞差异化的新商业模式

毫无疑问，在商业模式变革的过程中，过去依靠信息不对称建立的差异化优势将不复存在，建立在信息不对称基础上的传统商业模式一定会被顾客抛弃。而差异化的新商业模式可以最大限度地降低"信息不对称"程度，赢得消费者的信赖，最终增强品牌的竞争力。

一般而言，企业的差异化新商业模式需要关注以下两个大的方面：

一方面，了解客户，进行差异化生产。企业必须了解自己的消费者，这实际上也取决于卖的是一种什么样的产品，是必需品还是享受型的商品，是可推迟购买的商品还是消耗类的商品。比如你不是做消费品而做 B2B 的话，就会发现在经济下滑的时候，产品最后生产出来，让客户做出购买的决策往往会更困难。所以企业必须要知道客户的需求所在，据此生产有针对性的产品。

另一方面，调整营销策略，这是一个动态的过程。经济衰退是重新审视产品组合的最佳时机，使产品变得更物有所值，及时推动新产品上市，不断对产品质量进行改进，推动演进式产品的上市。在产品上市的过程中，应该做到循序渐进，要建立物有所值、实惠的品牌和具有战斗力的品牌，其中包括采取的广告策略、定价策略、促销策略，还要考虑到产品的外形包装及降低客户的采用成本等。

实施新商业模式最终的目的是成就一个内涵丰富、有核心价值的差异化品牌。只有差异化品牌，才能尽可能消除不对称信息，整合资源，从而给企业更大的竞争空间。

商业模式不在于想象，需要不断结合行业的新变化，调整自己的眼光来适应变化。世界在变，唯一不变的就是变化，因此，需要不断地激发自己的思维，在红海中挖掘一片蓝海。

聚集客户价值：没有核心竞争力也可以成就大事业

客户价值是商业模式中的关键因素，对客户价值的追求就是企业成功的基础，也是制定企业目标的基础。如果企业的商业模式不是建立在客户价值的基础上的，这个商业模式就是无本之木，无源之水。

商业模式是以客户价值为导向，围绕利益相关者长期的、动态的交易结构。因此，商业模式创新必须基于客户价值，以客户为中心，由企业本位转向客户本位，由占领市场转向占领客户，必须立足以客户为中心，为客户创造价值。

☞精心研究分析客户需求

洞察客户需求是企业经营的起点。以客户价值为中心构建商业模式，首先要深入研究客户需求，根据目标顾客需求提出对顾客的价值主张。客户期望值比产品本身更重要，提高满意度的关键是企业必须按照客户要求，有效地满足客户对自己产品或服务的期望值。通过合适的产品和服务满足顾客需求，能够帮助企业更好地服务顾客，发现新的市场机会，从根本上创新企业商业模式。

下面是一个适用于分析客户需求的模型，如图2-1所示。

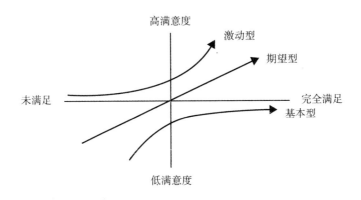

图2-1　客户需求模型图

在这个模型中，基本型需求是客户认为产品"必须有"的属性或功能。当其特性不充足即不能够满足客户需求时，客户很不满意；当其特性充足即能够满足顾客需求时，无所谓满意不满意，顾客充其量是满意。

期望型需求要求提供的产品或服务比较优秀，但并不是"必须"的产品属性或服务行为，有些期望型需求连顾客都不太清楚，但是是客户希望得到的。在市场调查中，客户谈论的通常是期望型需求，期望型需求在产品中实现的越多，客户就越满意；当没有满足这些需求时，客户就不满意。

激动型需求要求提供给客户一些完全出乎意料的产品属性或服务行为，使客户产生惊喜。当其特性不充足时，并且是无关紧要的特性，则客户无所谓；当产品提供了这类需求中的服务时，客户就会对产品非常满意，从而提高客户的忠诚度。

在实际操作中，企业首先要全力以赴地满足客户的基本型需求，保证客户提出的问题得到认真解决，重视客户认为企业有义务做到的事情，尽量为客户提供方便，以实现客户最基本的需求满足。然后，企业应尽力去满足客户的期望型需求，这是质量的竞争性因素。提供客户喜爱的额外服务或产品功能，使其产品和服务优于竞争对手并有所不同，引导客户加强对本企业的良好印象，使客户达到满意。最后争取实现客户的激动型需求，为企业建立最忠实的客户群。

☞客户价值创新

基于客户价值的商业模式创新以客户价值为基础。一般运用以下途径：第一，改进产品及服务的认知利益，脱离原竞争区域；第二，降低产品或服务的认知价格，脱离原竞争区域；第三，降低认知价格，提高认知利益，脱离原竞争区域。

在实际中，常综合运用上述三种方法使企业产品或服务所代表的客户价值得到创新，如图2-2的"客户价值创新原理模型"所示。

在这个模型中，A点含义是保持顾客的认知价格而提高其认知利益；B点含义是降低其认知价格，提高其认知利益；C点含义是增加认知价格及利益，但利益增加比认知价格增加高很多。

从图2-2可见，价值创新的结果表现出两大显著特点，即脱离原竞争区域客户价值会得到重大改进。由此所带来的最大好处是企业不再关心如何打

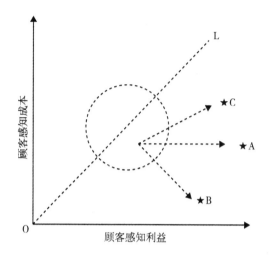

图 2-2 客户价值创新原理图

败竞争对手，而是采用超竞争战略，使竞争对手在满足、引导顾客需求上落后，最终使其竞争对手不再是竞争对手。

价值创新可使企业获得重建市场空间、开创价值创造的新视角。如面对顾客更高层级的需求，企业可以努力丰富产品的功能属性，也可以大幅度提高某些功能的水平，或两者兼具。对创新途径的选择首先取决于企业对市场的充分了解，同时也取决于企业的资源条件。

☞巩固企业资源能力建设

基于客户价值的商业模式创新要达到显著提高客户价值的目的，往往需要以企业资源能力建设为基础。自身能力和条件是企业更好地服务顾客的前提，具体包括：企业组织结构建设、管理制度标准的建立、信息系统的建设等。

客户价值的商业模式创新尤其注重信息系统和产品平台的建设，它为显著改进产品的功能和质量奠定了基础。如信息系统中的客户关系管理系统，在客观分析研究顾客需求的基础上对顾客进行分类，实施客户互动，为更好地服务客户提供了条件。产品平台广泛存在于许多领域，如 POS 系统和条码识别技术方便零售业更好地服务顾客，数字传播技术则为新闻、通信和音像制品业的整合提供了平台。

在这里举个例子：盛世纵横企业顾问有限公司是一家帮助民营企业整合资源，快速轻松实现目标的专业顾问公司。盛世纵横以资源整合为核心，形成了"整合天下赢"课程、"资源整合联盟"、"资源整合同学会"、"资源整合之家"、"资源整合网站"五大平台。

盛世纵横通过资源整合，实现短期与长期，线上与线下，虚与实的资源整合。盛世纵横通过这五大平台帮助客户整合资源、快速轻松实现目标，通过"替客户省钱"、"帮客户赚钱"两件工作来为客户创造利润。

总之，任何一种商业模式都需要给客户添加价值。商业模式的创新只有从消费者角度出发，认真考虑客户所期望获得的利益，把竞争的视角深入到为用户创造价值的层面，才能获得游刃有余的竞争空间。

第三章　核心竞争掘金思维

互联网时代的掘金思维将重塑企业价值链，涉及商业模式设计、品牌战略的制定和实施等企业经营所有环节。比如，用户思维、大数据思维贯穿整个价值链条的始终；简约思维、极致思维、微创新思维主要体现在产品研发、生产和服务环节；平台思维体现在战略、商业模式和组织形态层面；跨界思维主要基于企业机遇层面等。

服务思维：让客户喜欢你就对了

美国著名管理学家罗伯特·奥特曼说："服务是企业参与市场竞争的有效手段，也是企业管理水平的具体表现。随着市场经济的发展，也带来了企业竞争的不断升级，迫切要求企业迅速更新理念，把服务问题提高到战略高度来认识，在服务上不断追求高标准，提升服务品位，创造服务特色，打造服务品牌。"

现在的企业拼什么？拼服务！只有拥有最完美服务的企业，才是客人永远用行动和货币去支持的企业。只有实现了客人满意，才能实现企业做大做强的愿望。因此，企业需要运用服务思维，为客户提供热情、周到、主动的服务。

服务思维强调的是让客户喜欢。阿里巴巴在其商业模式中，就充分体现了可贵的服务思维。阿里巴巴电子商务模式如图3-1所示：

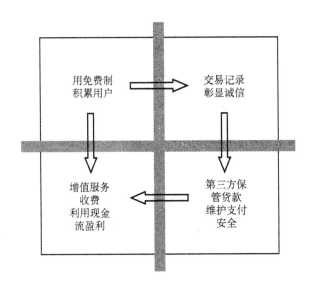

图3-1 阿里巴巴电子商务模式

☞用户免费制积累用户

在起步阶段，网站降低会员准入门槛，以免费会员制吸引企业登录平台注册用户。阿里巴巴会员多数为中小企业，免费会员制是吸引中小企业的最主要因素。大大小小的企业活跃于网上市场，反过来为阿里巴巴带来了各类供需，壮大了网上交易平台。

淘宝网面向个人卖家实行免费开店的策略。也就是说，当消费者在淘宝上搜索某一个产品时，在不干预搜索结果的情况下，搜索结果页面的右边和底部会有相关的产品推荐，这部分的广告收入为淘宝目前主要收入来源。

淘宝网将自己定位为电子商务服务提供商，为所有的电子商务参与者提供水、电、煤等基础服务。在帮助更多的企业在网络购物市场获得利益的同时，通过服务费和收入提成等多种方式，淘宝也从中获得巨大的商业回报。

目前中国网络购物市场整体情况是，淘宝像一栋百层高楼，热闹非凡，但周边都很荒凉，淘宝希望通过"开放平台"的方式，将自己在网络零售方面的经验、技术和资源与所有网络零售参与者共享，为他们提供服务，使得在淘宝周围能有更多的高楼拔地而起，发挥网络零售的协同效应，使得整个市场繁荣。

☞交易记录彰显诚信

"诚信通"计划是阿里巴巴在 2002 年 3 月启动的。该计划主要通过第三方认证、证书及荣誉、阿里巴巴活动记录、资信参考人、会员评价 5 个方面，来审核申请"诚信通"服务的商家的诚信。该计划实施的结果显示，诚信通的会员成交率从 47% 提高到 72%，这是用传统手段，而非技术手段解决了网络商家之间的信任问题。

在阿里巴巴构建的商务平台上，诚信通档案是诚信通会员必填的基本信息。它用来展示会员的一些基本诚信情况，由 4 个部分组成：A&V 认证信息、阿里巴巴活动记录、会员评价、证书及荣誉。A&V 认证信息包括公司注册名称、地址，申请人姓名、所在部门和职位，并同时需要出具相应的工商部门颁发的营业执照等。提供商业信息的企业，必须首先通过这个认证。阿里巴巴活动记录是指某一网商在经营过程中的信用表现，及其与阿里巴巴共同参与诚信体系建设的时间，时间越久，越能证明该网商的诚信度。

为了避免企业会员之间的恶意攻击，阿里巴巴有两大法宝：一是只有诚信通会员才能拥有评价的权力；二是评论以后相互留档案，不可以匿名，必须公开。另外，诸如 ISO 体系等行业认证也成为诚信通会员重要的参考要素，并且阿里巴巴会用优先排名、向其他客户推荐等方式，来奖励那些诚信记录良好的用户。

☞为会员提供便利的增值服务

阿里巴巴 B2B 实行会员制度，提供"诚信通会员"和"中国供应商会员"有偿服务。阿里巴巴作为平台提供者不介入会员企业间的交易行为。截至 2010 年 9 月 30 日，阿里巴巴 B2B 交易平台拥有超过 75 万名付费会员。具体包括：

一是营造电子商务信任文化的"诚信通"。它是阿里巴巴为从事中国国内贸易的中小企业推出的会员制网上贸易服务，主要用以解决网络贸易信用问题。诚信通会员可随时查看阿里巴巴网上买家发布的求购信息和联系方式。享有集顶级域、无限空间展示、企业邮局、企业在线一体的网站。在阿里巴巴网上交易平台发布的买卖信息排在普通会员之前。获得权威第三方认证机构核实资质，独享诚信标识；并拥有自己的网上信用档案。

二是"中国供应商"服务。它是阿里巴巴为出口企业提供的向海外买家展示企业和产品的外贸推广服务。通过全方位海外推广，让出口企业轻松接轨全球市场。它提供的主要服务有：提供专业企业商务网站，帮助企业全面展示产品及公司信息，更好地吸引全球买家的眼球；对企业进行第三方身份审核，确保企业的真实性，更好地帮助买家找到值得信赖的供应商；提供排名优先服务，帮助企业提升产品显示率，抢占市场制高点；提供客户管理系统 My Alibaba，轻松实现外贸信息一体化管理；通过海外分支机构组织参加国际展会，向与会买家派发光盘手册和产品目录，帮助企业实现线下展会和线上电子商务的一体化推广；提供外贸及电子商务实战培训服务，帮助企业提升外贸人员的电子商务实战及外贸能力；在国内开展会员俱乐部活动，帮助出口企业共享外贸管理经验，共赢发展。

三是全球速卖通。它是阿里巴巴帮助中小企业接触终端批发零售商，小批量多批次快速销售，拓展利润空间而全力打造的融合订单、支付、物流于一体的外贸在线交易平台。

另外，阿里巴巴还采取了现金流与增值服务并重的盈利模式。阿里巴巴以很低的费用或者免费的方式吸引了大量的会员，并提供一系列围绕主业务的相关增值服务，形成对固有会员的强大黏性和对潜在客户的强大吸引力。

因此，阿里巴巴在这一部分，可以较为轻易地获得理想的收益。此外，阿里巴巴的诚信通、贸易通等服务也能够为其带来一定的收益。

☞第三方保管货款维护支付机制安全

支付宝公司在创立之初，就在全球创造性地推出了具有自主知识产权的"担保交易"模式——作为独立的第三方机构，通过为买卖双方提供货款暂时保管，确保支付过程中双方的货、款安全，消除双方的不信任感，大大提高了交易效率，也促进了电子商务的迅猛发展。

支付宝的主要盈利模式包括：提供针对 B2B、B2C、C2C 在线交易的电子支付解决方案；提供信用卡还款、水电费、通信费等公共事业缴费服务；提供小额批量付款等企业清算解决方案以及客户管理等营销工具、卖家信贷等增值服务。

从上述阿里巴巴商业模式的解析中，可以明显感受到其服务思维，正是在服务思维的引导下，阿里巴巴的品牌价值得到了提升。阿里巴巴凭借其可行的、具有说服力的商业模式在快速增长的电子商务市场中处于领先地位，成功缔造了被誉为经典的网上交易市场。

平台思维：打造多方共赢的生态圈

互联网的平台思维就是开放、共享、共赢的思维。在互联网时代，平台思维的精髓，就在于打造一个多主体共赢互利的平台生态圈。事实上，平台生态圈都是建立在"更好地满足当前时代的多方需求"的基础之上，最高阶的平台之争，一定是生态圈之间的竞争。

谁更能把握互联网时代的利益相关各方的需求以及需求发展趋势，谁就能设计出更好的平台。谁能抓住有更大价值的多方需求，谁的平台就更有现实价值，并有机会逐步打造成更有价值的平台生态圈。在这方面，小米科技的商业模式堪称典范，以至于很多人认为，小米科技是一个有互联网基因的公司，小米的 DNA 就是互联网的 DNA。

现在，就让我们来看看小米科技互联网思维的 CBMCE（Community，社区，生态群落；Beta，测试；Mass Prodction，大规模生产；Connection，联结；Extension，扩展）模式吧！

☞Community：建立社区，形成粉丝团

小米手机建立社区的第一步就是根据产品特点，锁定一个小圈子，吸引铁杆粉丝，逐步积累粉丝。比如把用户定位于发烧友极客的圈子。

在吸引粉丝的过程中，创始人会从自己的亲友、同事等熟人圈子先开始，逐步扩展，最后把雪球滚大。建立社区跟滚雪球一个道理，初始圈子的质量和创始人的影响力，决定着粉丝团未来的质量和数量。雷军能把小米手机做得如此成功，很大程度上源于雷军在互联网圈内多年积累的人脉和影响力，以及小米手机针对粉丝团的定位。

在锁定了粉丝团的人群以后，下一步就是寻找目标人群喜欢聚集的平台。手机发烧友喜欢在论坛上讨论问题，所以小米手机建立了自己的论坛，吸引发烧友级极客。当然论坛还有一个缺陷就是太封闭，人群扩展起来太难，所以小米手机在发展之初又把微博作为扩展粉丝团的重要阵地。

在粉丝团扩展阶段，"意见领袖"起着信任代理人的作用，所以小米手机利用"意见领袖"为自己的品牌代言，在新浪微博上获得更多的关注。小米手机选择的"意见领袖"是以雷军为首的互联网企业家。

☞Beta：针对铁杆粉丝，进行小规模内测

在积累了一定规模的粉丝以后，第二个阶段就是根据铁杆粉丝的需求设

计相关产品，并进行小规模产品内测。这一步对于小米手机而言，就是预售工程机，让铁杆粉丝参与内测。

第一批用户在使用工程机的过程中，会把意见反馈给小米的客服。小米客服再把意见反馈给设计部门，用户的意见直接可以影响产品的设计和性能，让产品快速完善。

除了意见反馈以外，第一批工程机用户还担负着口碑传播的作用。因为工程机投放市场数量有限，有一定的稀缺性，抢到的用户免不了要在微博或微信朋友圈上晒一下，每一次分享都相当于为产品做了一次广告。这样的话，第一批铁杆用户就好比小米手机撒下的一粒粒火种，星星之火可以燎原。

☞Mass Prodction：进行大规模量产和预售

大规模量产和预售阶段一般有三件重要的事要做：产品发布会、新产品社会化营销与线下渠道发售。先说产品发布会，现在产品发布会已经成为小米手机营销过程中最为关键的一环。在盛大的发布会当天，作为小米董事长的雷军要亲自上阵讲解产品，而且还会邀请高通等配件厂商助阵，成百上千名米粉参与，众多媒体记者和意见领袖围观。这样做的目的只有一个，就是把产品发布会的信息传递出去，成为社交网络话题讨论的焦点。

在产品发布会以后，小米手机紧接着就会举行新产品的社会化营销。在进行社会化营销的时候，小米手机一般都会选择最炙手可热的平台进行传播和推广。在新浪微博最为火爆的时候，小米利用新浪微博进行大规模的抽奖活动。在微信最炙手可热的时候，小米选择微信作为发布平台。在推出红米手机的时候，小米手机还选择QQ空间作为合作平台进行产品发布，这正是因为QQ空间在三四线城市有着广大的用户人群，跟红米的用户重合度很高。

在社会化营销的过程中，为了让用户切身地感到稀缺性，小米公司即使在产品大量供给的情况下，还是依旧采用"闪购"、"F码"等方式制造一种稀缺的错觉，激发网友对产品进行下一步传播和逐级分享，这无疑是一种很高明的营销方式。

☞Connection：联结

小米模式建立的是一个生态体系。按照互联网思维的逻辑，小米手机在售出了大规模的产品以后，营销没有结束，而是刚刚开始，这时候需要用一个体系，把售出的这些产品联结起来，让这些产品以及背后的人变成一个社群或者体系。这也就是小米模式跟传统制造业不同的地方。

小米公司通过 MIUI 系统，不仅把成千上万名米粉联结到一起，还基于MIUI建立了自己的商业模式，可以知道其他"米粉"在说什么，在做什么，在用什么，整个"米粉"群体就变成一个互相链接、很大规模的社群。而这个社群的吃喝拉撒和衣食住行，都可以变成小米公司的新的收入来源和商业模式，投资机构对小米公司之所以估值这么高，也正是看到这个社群背后的商业价值。

☞Extension：扩展

平台思维最大的优势就在于生态圈的扩展性，对于个体用户而言，可表现为软件系统的升级和更新，服务内容的扩展和个性化需求的满足。小米手机开发一款老年手机主题，就可以替代一部老年手机；壁纸、背景、主题等原来千篇一律的东西，现在都可以有更多的选择。除此之外，你还可以去软件商店，选择适合你的更多具有个性化的软件和产品。

小米手机在产业外围同样也可以进行扩展，扩展性表现为小米软件商店、小米支付、小米路由器等整个基础设施的日益完善。比如，小米除了做手机以外，还做了小米电视、小米路由等产品，甚至会扩展到游戏和娱乐业。比如，roseonly 除了卖玫瑰以外，还把产品扩展为表情等虚拟产品。小米公司基于互联网思维的每一个扩展，就好比是开启一个新型商业模式的接口，都可能变成商业收入新的来源和商业模式。

互联网的精神是平等和开放。在互联网时代，产品迁移成本越来越低，想建立一个围墙把用户圈在其中的做法只会失去用户。那么，在互联网时代，对于企业而言，应该如何运用平台思维构建自己的平台生态圈呢？不妨从下面四个步骤来考虑：

一是找到价值点，实现立足。把持住诸多价值链有共性的一个环节，做到相对高效，为一个或多个价值链提供更多价值，就可以此为基础，建立一个平台。

二是建立核心优势，扩展平台。在平台的基础上，建立起如技术、品牌、管理系统、数据、用户习惯等自己容易复制别人很难超越、边际成本极低或几乎为零的无形资产优势，才能增加平台的可扩展性。在网络效应的推动下，使平台迅速做大，以实现更大的平台价值。

三是衍生更多服务，构建生态圈。在建立起来的一个平台上，为价值链上的更多环节，构建更多高效的辅助服务，能增强平台的黏性和竞争壁垒，最终可形成平台生态圈。

四是平台战略升级，巩固生态圈。平台生态系统的价值随着产业的发展而变化。将平台生态系统的功能向未来更有价值的价值链环节进行战略性转移和倾斜，是保持和增强平台生态系统基业长青的关键。

总之，运用平台思维构建生态圈是大战略布局。从构建平台到成就一个平台生态圈，需要一个循序渐进的动态过程。"生态圈"不单是构建起一个平台，而是以某个平台为基础，营造出"为支撑平台活动而提供众多服务"的大系统。

微创新思维：用户体验是决定产品能否受欢迎的关键因素

微创新思维，就是从细微之处着手，通过聚焦战略，以持续的创新，最终改变市场格局、为客户创造全新价值。谁能以用户体验为核心进行更多的微创新，谁就能在市场拥有更多的话语权，作为国内知名的互联网公司腾讯，岂能不知道这一点！

依赖 QQ 用户群实现"微创新"的腾讯模式，将用户体验看作是决定产品能否受欢迎的关键因素，聚焦并不断提升用户体验，最终成就了 QQ 在用户中的口碑，也成就了互联网时代的一页辉煌。

☞腾讯的华丽转身

2010 年，移动互联网呼啸而来，腾讯在所有互联网巨头中第一个转身。

从 2011 年 1 月推出到年底，微信在一年的时间里更新了 11 个版本，平均每个月迭代一个版本。1.0 版本仅有聊天功能，1.1 版本增加对手机通讯录的读取，1.2 版本打通腾讯微博，1.3 版本加入多人会话，2.0 版本加入语音对讲功能。由此，腾讯完成了对竞争对手的模仿和追赶，开始创新之路。

2.5 版本率先引入查看附近的人，正是这个功能的推出，实现了对主要对手米聊的技术创新和用户大爆炸式增长。

3.0 版本率先加入漂流瓶和摇一摇功能，3.5 版本增加英文界面，全面进军海外市场。这时的国际市场上，日本的 LINE 同时崛起，并且更早一步地开始了对东南亚市场的占领。而美国的社交巨头 Facebook 仍在梦中，WhatsApp 仍在延续着当年 ICQ 的软件思维，向用户收取服务费。时不我待，机不可失。

4.0 版本率先推出相册和朋友圈功能，4.2 版本增加视频聊天插件，4.3 版本增加语音搜索功能，4.5 版本增加多人实时聊天，语音提醒和根据对方发来的位置进行导航的功能。微信的社交平台功能日趋完善，并且一步步向移动智能助手的角色发展。必须说明的是，在视频聊天和智能语音搜索上，微信比 LINE 更早了一步，产品体验开始领先。LINE 的成功更多是明星营销策略和商业化生态系统的搭建上，产品创新体验上并无优势。

5.0 版本添加了表情商店和游戏中心，扫一扫功能全新升级，可以扫街景、扫条码、扫二维码、扫单词翻译、扫封面，微信支付体系打通，一个移动商业帝国的框架已经基本搭建完毕。

从全球来看，LINE 的商业化无疑更早获得成功，国际化的脚步也更快，但是腾讯最擅长的从来就是后来居上：只要方向正确，专注创新，奇迹总会发生。

2013 年 4 月，海外用户突破 4000 万，8 月突破 1 亿，月均以超过 1500 万的速度滚雪球，2013 年年底突破 2 亿，2014 年达到 4 亿。

微信的成功至少部分上应源于投入。在微博上的颓势，使腾讯对这一新兴潮流不敢怠慢，QQ 邮箱团队的大批研发人员随之转入微信部门。微信 2.0 发布前后，阅读空间项目组更是全部移师微信。这使微信研发团队总人数达到 200 人，这几乎已经与整个小米科技的规模不相上下。

腾讯擅长的"微创新"功不可没。在微信添加了"对讲机"和邮件提醒功能，随后又相继发布了"寻找附近好友"、"摇一摇"和"漂流瓶"，这 3 个地理位置相关功能将微信的适用范围从熟人推广到陌生人，也将手机的移动特性发挥到了极致。

创新就是对用户体验的极致追求，这种开放的眼光与创新的精神是将微信引领至最后并获得成功的根本。"微信很好用"几乎是用户选择微信的最重要理由，一切从用户的角度出发，不盲从一时的潮流，不追求大而全的功能点，只从用户的角度出发，摒弃了华而不实的功能，完善细节，不断创新，才成就了今天的微信。

截至 2013 年第一季度，腾讯拥有 2.5 万名员工，其中超过一半是研发人员，累计申请专利 7000 项，全球互联网企业中仅次于谷歌和雅虎。这就是腾讯的创新底蕴。

☞腾讯注重用户体验的微博创新广告模式

2012 年底数据显示，腾讯微博用户突破 5.4 亿，新浪微博超过 5 亿。以微博为代表的社会化媒体的蓬勃发展让广告主对于社会化营销趋之若鹜。然而如何在不影响用户体验的前提下，有效地利用植入广告达到良好的宣传效果，业内外依然处于探索阶段。对此，腾讯微博推出的富媒体广告形式和皮肤加载视频广告，以其良好的反馈和效果在微博营销新模式方面做了新的尝试。

腾讯微博选择了以不影响用户正常微博阅读，明确标明广告推广的富媒体广告方式。

作为近年来新兴的广告形式，富媒体广告以其独有的可见性、互动性、分享性受到广告主的普遍青睐，发展迅猛，市场规模在逐渐扩大。根据 eMarketer 的数据，2012 年美国富媒体广告市场规模为 18.2 亿美元，高于 2011 年的 16.5 亿美元，2013 年美国富媒体广告的规模更是突破 20 亿美元。

除了富媒体广告形式外，腾讯微博还积极尝试其他创新广告模式。2012 年，腾讯微博就率先推出了微博拉环换皮肤的视频皮肤广告形式，广受客户及网友好评。

2013 年 4 月 9 日，采用腾讯微博最新升级的"皮肤加载视频"的宝马"悦"系列广告全新上线，此形式广告在同行业中尚属首家。该广告曝光率高，可以覆盖微博主人页全量用户，其精良的皮肤设计，巧妙融合企业品牌元素，具有很高的用户接受度，并会让用户长期保存使用；同时，在皮肤中加入视频元素，换肤行为可以触发主动播放，也能更好地触达有效用户。

对于腾讯微博平台的营销推广，无论富媒体广告形式，还是视频皮肤形式或是信息流广告，未来都是值得期待的。

☞腾讯的创新之道

"一直在模仿，从未被起诉。"有人这样调侃腾讯的产品开发史：你出 ICQ，我就出 QQ；你出迅雷，我就出 QQ 旋风；你出 PPLive，我就出 QQLive；你出淘宝网，我就出拍拍网；你出泡泡堂，我就出 QQ 堂；你出诛仙，我就出寻仙；你出劲舞团，我就出 QQ 炫舞；你出 CS，我就出 CF；你出开心农场，我就出 QQ 农场；你出百度知道，我就出搜搜问问；你出 360 安全卫士，我就出 QQ 电脑管家；你出新浪微博，我就出腾讯微博；你出暴风影音，我就出 QQ 影音；你出金山词霸，我就出 QQ 词典；你出手机 UC 浏览器，我就出手机 QQ 浏览器；你出米聊，我就出微信……似乎腾讯正在与所有的互联网企业为敌。

事实上，在一个"在 QQ 上插根扁担都能开花"的年代，在已经拥有庞大用户群的前提下，相比与联众合作甚至收购联众，在其"既有产品"基础上进行"微创新"，显然是一种更为经济的方式。

具体来说，腾讯的创新主要体现在以下几点：

其一，腾讯是世界上最早具有互联网思维的企业之一，正是这种思维让它区别于 ICQ 和 AOL，成为世界上唯一获得大规模商业成功的即时通信企业。

其二，腾讯是世界上最早获得成功的真实社交网络平台，通过 QQ 和 QQ 群在 2002 年的创新式无缝连接，让它从陌生人社交转向了真实社交关系，摧毁了传统的聊天室商业模式，并在 QQ 秀上赚到第一桶金，这种转变在时间上比 Facebook 领先两年。

其三，腾讯是最早执行快速迭代微创新的互联网企业之一，在多年的

"先抄袭后超越"之后，腾讯"微创新"的触角几乎已经深入到互联网产业的每一个角落。正是这种"微创新"能力让它击败了 MSN、联众、盛大等众多的互联网巨头，获得强大的盈利能力。平台导流只是让它放大了这种商业成功，否则无法解释腾讯旗下众多失败的副产品，譬如 SOSO 搜索等。

其四，腾讯是所有"大象"企业中最执着于创新的企业之一，这体现在微信的成功和在移动互联网时代的快速转型上。即使在全球来看，腾讯的转身也要早于美国的 Facebook，仅仅慢于谷歌。

"微创新"是中国企业特别是互联网企业需要努力的方向，更是 21 世纪世界创新发展的一个趋势。这一点，"微创新之王"腾讯是非常成功的典范。"微创新"是腾讯的成功之道。

简约思维：大道至简，简单即是美

简约思维，是指在产品设计上，要大道至简，力求简洁、简约；在产品规划和品牌定位上，力求专注、简单，简单即是美，并且要专注，忌讳给用户太多的选择以致无法选择。简约思维的核心是"产品和服务简约"、"使用简单方便"、"体验产生美感"。

互联网时代，信息爆炸，用户的耐心越来越不足，所以，越是简单的东西越容易让人产生美感，也越容易传播让用户喜欢。其中最重要的一个方法就是，用最专注的心，做最简约的产品。在用户使用时，要力求简单明了，能用鼠标点一下就解决的事情不要用键盘敲半天。

简约，但不简单。虽然大道至简，但所有看似简约的设计，都是经过不断的打磨，从极其复杂的设计中提炼出来的。可以这样说，最简单的东西，往往都是经历了一个最复杂的迭代变更过程。最伟大的真理常常就是最简单的真理。

☞引进敞篷车的故事

在美国企业界，人们最喜欢谈论艾柯卡和克莱斯勒汽车公司重新引进敞篷车的故事：

克莱斯勒的总裁艾柯卡有一天在底特律郊区开车时，旁边驶过一辆野马牌敞篷车。那正是克莱斯勒所缺的一辆敞篷车。

艾柯卡回到办公室以后，马上打电话向工程部的主管询问敞篷车的生产周期。"一般来说，生产周期要5年。"主管回答，"不过如果赶一点，3年内就会有第一辆敞篷车了。"

"你不懂我的意思，"艾柯卡说，"我今天就要！叫人带一辆新车到工厂去，把车顶拿掉，换一个敞篷盖上去。"

结果，艾柯卡在当天下班前看到了那辆改装的车子。一直到周末，他都开着那辆"敞篷车"上街，而且发现看到这辆车的人都很喜欢。第二个星期，一辆克莱斯勒的敞篷车就上设计图了。

其实，处理复杂问题最有效的方法是简单。杰克·韦尔奇说："你简直无法想象让人们变得简单是一件多么困难的事，他们恐惧简单，唯恐一旦自己变得简单就会被人说成是大脑简单。而现实生活中，事实正相反，那些思路清楚、做事高效的人们正是最懂得简单的人。"同理，我们在做企业时也应当注意从简单的地方入手，利用简单的手段解决复杂的客户需求问题。

想要做到简约，有两条法则很重要，一是专注；二是美。

☞专注，少即是多

产品线的规划，要专注。专注是指为了做成一件事，必须在一定时期集中力量实现突破。

苹果就是典型的例子，1997年苹果接近破产，乔帮主回归，砍掉了70%产品线，重点开发4款产品，使得苹果扭亏为盈，起死回生。即使到了5S， iPhone 也只有 5 款。

品牌定位也要专注，给消费者一个选择你的理由，一个就足够。

最近很火的一个网络鲜花品牌 roseonly，它的品牌定位是高端人群，买花者需要与收花者身份证号绑定，且每人只能绑定一次，意味着"一生只爱一人"。2013 年 2 月上线，8 月做到了月销售额近 1000 万元。

大道至简，越简单的东西越容易传播，越难做。专注才有力量，才能做到极致。尤其在创业时期，做不到专注，就没有可能生存下去。

☞简约即是美

在产品设计方面，要做减法。外观要简洁，内在的操作流程要简化。

Google 首页永远都是清爽的界面，苹果的外观、特斯拉汽车的外观，都是这样的设计。

做互联网的企业都想把更多的东西给用户，却不知道用户其实不想要全部的东西，只需要在他们需要的时候，才会想要某一种东西。

今天看一个企业有没有潜力，就看它离互联网有多远。能够真正用互联网思维重构的企业，才可能真正赢得未来。未来属于那些传统产业里懂互联网的人，而不是那些懂互联网但不懂传统产业的人。

总之，在互联网时代，信息爆炸，消费者的选择太多，选择时间太短，用户的耐心越来越不足，加上线上只需要点击一下鼠标，转移成本几乎为零。所以，必须在短时间内能够抓住它！

极致思维：世界上只有第一，没有第二

极致思维，就是把产品和服务做到极致，把用户体验做到极致，超越用户预期。互联网时代的竞争，只有第一，没有第二，只有做到极致，才能够真正赢得消费者，赢得人心。

一个企业如果有极致思维，它就是有一定信仰的企业，因为它不仅仅为了赚钱。如果仅仅是为了赚钱，它不会考虑很多的因素，比如投入、成本等。很多时候，为了把这个模具做得更好看一点，可能要重新开模样，这需要投入很多的成本，这个时候要具备极致思维才会去做。

比如说乔布斯，他是大家都非常尊敬的一个人。他一开始去开发 iPhone、iPad，并不完全是为了考虑赚钱。他是为了改变世界，或者为了其他自己的某些信仰。

再比如宜家，宜家基于对用户需求的深度认知，着实做到让每一位进入宜家的消费者都"惊奇"，这个词已经被深深嵌进了宜家的品牌价值里。当大家第一次进入宜家发现沙发是可以随便坐的，床是可以随便趟的，儿童产品是可以随便玩的……的确会出乎意料地惊奇。

只有具有这样的信仰，才有可能往极致的方面去发展。否则很多时候努力做到了第一，在第一的位置投入保持在一个水平。为了追求高利润，很多时候就停止加大投入成本了，这个时候你就有可能被创新者通过其他的方式颠覆掉。

想要做到极致，有两条法则很重要，一是打造产品；二是服务即营销。

☞打造让用户尖叫的产品

用极限思维打造极致的产品。方法论有三条：第一，"需求要抓得准"（痛点、痒点或兴奋点）；第二，"自己要逼得狠"（做到自己能力的极限）；第三，"管理要盯得紧"（得产品经理得天下）。

好产品是会说话的，是能够自传播起来的，因为"一切产业皆媒体"，"人人都是媒体人"，在这个社会化媒体时代，好产品自然会形成口碑传播。

☞服务即营销

把营销作为服务，打破了一般意义上的服务边界。"服务即营销"是一种通过关注顾客，进而提供服务，最终实现有利的交换的营销手段，作为服务营销的重要环节，"顾客关注"工作质量的高低，将决定后续环节的成功与否，影响服务整体方案的效果。

"服务即营销"是基于客群需求再一次模式创新，为企业的发展提供了又一条寻求突破的道路。因此，在服务环节，也要做到极致，将自己的服务变得更加具象和触手可及。

提供服务时必须加强与客户的沟通，必须针对不同顾客的需求差异保持足够的应变能力，以达到每一位客户预期的质量水平。由于服务不能储存，不能运输，因此，就限制了在同一个地点大规模生产和销售服务，所以服务企业要获得规模经济效益，必须异地化、分散化、连锁化，这也是服务企业成功的秘诀。

跨界思维：最大的机遇来源于跨界融合

所谓跨界思维，就是用大世界大眼光，多角度、多视野地看待问题和提出解决方案的一种思维方式。释义为交叉、跨越。它不仅代表着一种时尚的生活态度，更代表着一种新锐的思维特质。

互联网和新科技的发展，纯物理经济与纯虚拟经济开始融合，很多产业的边界变得模糊，互联网企业的触角已经无孔不入，零售、制造、图书、金融、电信、娱乐、交通、媒体等。互联网企业的跨界颠覆，本质是高效率整合低效率，包括结构效率和运营效率。对于互联网时代的机遇，马化腾认为最大的机遇将会来自跨界融合，"当你比别人更了解两个行业，这往往就是独到之处，就是值得挖掘的。"

跨界的主要目的是为了"借智"。跨界最难跨越的不仅是观念之界，更是模式之界、能力之界、开放程度之界。

☞观念之界

跨界，首先必须跨越思维观念之"界"。但是，企业有没有洞察来自外部环境的变化，而驱动自己思维的转变呢？

今天我们所处的时代和面临的环境，确实发生了很大的变化，而这种变化背后的驱动要素，很大程度上与跨界的相关度非常大。过去传统工业的结构化模式，在互联网、移动互联网乃至大数据技术的冲击下，正在被颠覆，但是这种颠覆带来的是产业之间的融合，以及新兴产业的出现和蓬勃兴起，这些都是跨界的土壤。

进行跨界思维，已经成为大势所需。

一个真正具有跨界思维的人，一定是一个敢于跨界的人，能够同时在科技和人文的交汇点上找到自己的坐标。一个真正厉害的企业，一定是手握用户和数据资源，能够纵横捭阖敢于跨界创新的组织。你不跨界，就会被别人"跨了界"；你不敢跨界，就有人跨过来打劫；你不跨界，就有人让你"出轨"！

☞"互联网＋"带来的跨界切入点

过去看似不相干、不包容的产业，现在却居然能找到联系在一起的结合点。但是市场真正需要的是专业的跨界，假如只是盲目地跨界，很难找到自己的定位，更难以找到让自己脱颖而出的路径。这其中，最重要的是找到独一无二的切入点。那么无论现在还是将来，最有价值的跨界切入点在哪里呢？

乔布斯、马斯克之所以在科技产业领域如此炫目，他们的共同点就是，无论 iPhone 手机还是特斯拉电动汽车，均是电子产品互联网化的优秀跨界产物。而更大的趋势不仅仅是电子产品互联网化，整个工业、制造业都在走向互联网化。

乐视创始人贾跃亭为此曾说："传统的电视已经几十年没有改变，无法满足互联网用户的需求，未来传统电视将被智能电视取代。"

如今，一系列因跨界而生的新潮模式，被统一冠以"互联网＋"。用马化腾的话说，"互联网＋"是一个趋势，"加"的是传统的各行各业，加媒体产生网络媒体，加零售产生电子商务，加金融产生互联网金融。之所以"互联网＋"模式层出不穷，互联网让一切变得更有效率是重要原因。

企业创新的方向不一定要完全颠覆某一个行业，但是一定要找到这里面没有被服务好的那一部分。找到这个价值驱动要素中的关键点，与互联网进行有效的融合，跨界的路径才会明晰。

☞ "系统重组能力" 考验跨界的未来

不管是"互联网＋"还是异业跨界，其实考验的都是系统重组能力，这是跨界能否成功的关键能力。

与多元化有本质不同，跨界不是领地的跨界或者行业的延伸，而是组织系统的跨界重组。对于跨界的本质认识，不能停留在所谓的物理边界上，而更多的是企业能否整合内外部资源，同时又打破自己的组织边界和系统结构上。这要求企业的系统重组和系统再生能力足够强大。如果只是为跨界而跨界，是非常危险的。因为你跨入的这片疆域，在你既不熟悉又没有"关键能力"的时候，未必能够玩得转！

跨界不仅是对外在商业模式的颠覆，而且也是对组织内部系统的颠覆。即使思维、战略上进行了跨界，如果组织管理各方面没有系统的调整，跨界成功率也不会高。跨界的时候，组织内部一定要动态化、柔性化、协同化，形成灵动可变的柔性组织，才能齐力推动外部的跨界。

☞ "开放度" 决定企业命运

未来的商业是 "无边界" 的世界。在这个重要前提下，衡量企业跨界能力的一个关键因素是开放性够不够。假如不能以开放的心态去对自己所做的跨界战略进行深刻的洞察，自然无法去思考和设计新的商业模式。

只有开放才能融合，实际上也是跨界思维的核心体现之一。因为在一个开放的生态系统里，跨界才能找到一些和外界其他要素之间的共通点。当然在这个基础上，还可以去寻找到跨界合作的规则。

如今的所有企业，不是在跨界，就是在 "被跨界" 的路上；不是在颠覆别人，就是在被别人颠覆中。在未来充满不确定性的商业探索中，跨界思维、"互联网＋"、系统重组的能力，以及与外在 "生态系统" 对接的开放程度，将决定着企业的未来！

整合思维：在混沌中才能实现开天辟地

整合思维是人类大脑一种特有的思维模式，它是对外部世界的形象进行提取以及储存，在转录的过程中，自动归类集合的过程。就企业而言，经营实践中的矛盾无处不在，整合思维就是在混沌中实现开天辟地。

整合思维是卓越企业领导者的思维方式。优秀的企业领导人善于运用整合思维准则，放弃 "非此即彼" 的选择，利用两种对立观点之间的矛盾来寻找一条更好、更有创意的解决方案。如图 3 - 2 所示，"品牌整合体系" 示意图中，我们可以看到整合思维的各个点和面。

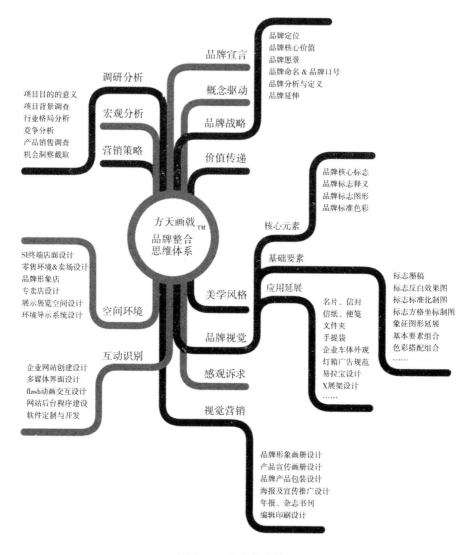

图 3-2　品牌整合体系

那么，整合思维方式到底是怎样一个过程呢？那些能够进行整合思维的人是如何将两个冲突的观点升华为一个更富有创意的观点的呢？一般来说，他们会通过以下步骤来完成。虽然这些步骤并不是整合思维所特有的，每个人通过思考、进行决策的时候都会经历这些步骤，但是，区分整合思维和传统思维方式是每一个步骤中思考过程的重点和方法。

☞抓住问题重点

整合思维在寻找影响决策的因素时，会主动寻找那些虽然不是很明显，但是却与决策相关的潜在关键因素。抓住问题重点就是降低问题的复杂性，尽量舍去一些认为无用的因素，甚至一开始就不去考虑某些因素。

当然，问题越是没有头绪，关键因素就会越多，但只要我们能够发现越多的相关因素，就越能够把问题看得全面。整合思维希望复杂，因为越复杂，答案往往就存在于其中，越能从诸多关键因素中整合出一个解决问题的方案。

☞分析因果关系

在分析因果关系时，传统思维方式常常会采用最简单的做法，就是找出两事物间直线的因果关系。虽然经营和管理中的很多关系一般都是线性的关系，但在分析事物因果关系的时候，还有其他的一些工具可以使用，但大多数管理者会觉得那些工具比较难用，因而退避三舍。

从这点上看，厘清问题的因果关系，把握问题中各个关键因素之间千丝万缕的联系，是做出下一步决策的关键所在，如果方向错了，以后所做的都会是无用功。

☞综观决策架构

具有整合思维的人在决策时，不会先将一个问题化整为零，再用各个击破的方法一一解决，也不会按特定顺序解决。他们会看到问题的整体架构，包括部分如何组合成一个整体，一个决策如何影响另一个决策。他们会把所有需要考虑的因素都装进脑子，不会把这些因素打散，让别人分别处理；也不会暂时抛开某个因素，等将其他因素都做出决定后再来考虑。

☞形成解决方案

传统思维的人不去考虑其他潜在的却不引人注意的方案，而是从两个均表现不佳的方案中，选出一个较好的。而具有整合思维的领导者并不会满足于原有的两种方案，他们会将方案暂时延期，要求团队更深入地重新考虑各个因素，而后得出一个新的、更好的方案。甚至在新的方案出来后，仍不满意，回到起点，重新开始分析。

表面上看来，他们在做决策的时候非常犹豫不决，但是作为一个整合的思考过程，就要求从整体上反复考虑相关的关键因素。当最终得到一个令人满意的方案的时候，与最初的"二选一"的方案比较就会发现，如果没有这样一遍一遍地思考，原先的方案会给最终的执行带来多大的损失。

运用整合思维就可以期待创新一种商业模式，为把危机变为商机，把握好各种机遇，创造新的财富神话。因此，培养整合思维对于企业领导者来说至关重要。

☞整合思维是可以培养的

整合思维极大地提高了人们的成功概率，而且它也并不仅仅是少数人才有的天赋，而是一项可以有意识地培养的技能。我们可以有意识地培养这种思考的习惯，来避免做出"非此即彼"的决策。

首先，我们对整合性思考的概念要有一个整体的了解。其次，要在进行决策的每一个步骤中，有意地按照整合性思考的方式来进行训练，综合考虑其他可能的因素，提出创造性的方案。最后，在做出最终决策的时候，将创造性的决策与原先的"非此即彼"的决策进行比较，看看有了多大的改进，预测改进后所能够带来的效果，真正认识到整合思维的重要性。通过这样不断地强化，才能够使自己在决策中养成整合性思考的习惯，对于向成功的领导者迈进具有很大的帮助。

顺势思维：谁顺应潮流，谁就能勇立潮头

顺势思维是指尊重、顺应、利用客观之势态及规律，处理事物的思维方法。顺势而为是互联网思维的核心。

在互联网高度发达和科技快速进步的时代，谁能够做到应势而动，顺应了潮流，创新了思路，谁就占领了市场，就能勇立潮头！

对于互联网的高度发达和科技的快速进步，我们常犯下比尔·盖茨所说的那种错误，即过于高估一件事情在最近一两年的变化，过于低估它在未来5～10年的影响。事实上，我们身边的许多变化仿佛在一夜之间倏忽而至！

在很多人的记忆中，"诺基亚"曾经是一个时代的名字，手机的代名词，是那个时代当之无愧的"锤子手机"，行色匆匆的街道、咖啡馆、会议室、图书馆，到处都是"叮咚、叮咚"那个熟悉的诺基亚的彩铃声。而这个音符只能存于那个时代的印记之中，或是在手机历史的博物馆。因为在2013年9月3日，微软收购诺基亚，曾经的一个时代的统治者轰然倒下。

此外，国美鏖战十几年的苏宁，好不容易，赶超对手，还没来得及庆祝，他们发现，一只猫和一只狗抢走了本属于他们的鲜花和掌声。

2013年11月11日，天猫宣布24小时内的交易总额达到351亿元人民币。

2014年5月22日京东商城成功在美国纳斯达克上市，目前市值达436.61亿美元。

"移动互联网"，是互联网的技术、平台、商业模式和应用与移动通信技术结合并实践的活动的总称。2014年，是当之无愧的移动互联网元年！

当风头正劲的互联网正准备宣誓它的时代，展示它多年的战绩时，一个

叫"移动互联网"的家伙抢班夺权，这就是这个时代的速度，这个时代的节奏。我们把这种速度、这样的节奏叫做：潮流！

正如马云所说："这个时代已经不属于李嘉诚，尽管在他的那个时代，他已经干得很不错。不是马化腾的企鹅厉害，我马云更没有什么，而是时代厉害，我们只是顺应了时代的潮流！"

移动互联网不是像小偷悄悄走进你的世界，偷走你的财富和利润，而是创造了一个新的世界，你的客户和子民中邪般地弃你而去，移民到那个叫"移动互联网"的世界，因为那里更加平等、民主，去中心化，更崇尚个性，多元化、更有温度感。

自瓦特发明蒸汽机以来的200多年间，机器思维、工业化思维一直掌控着这个世界的进程，中心化、集权化、标准化、控制化等概念成为那个时代的圣经，因为它代表效率，代表财富，而且屡试不爽。

相比之下，移动互联网带来的变革在于，它用连接解构了一切工业时代的法则，它让信息流动得更加快速、沟通变得更加便捷、创造力和创新成为最先进的生产力。在广袤的土地，重型的机器，曾经为工业化的统治者树立高墙的资源，已经不再是这个时代的必需品。反而一两个孩子，几台电脑，一根网线，一个创意，他们就可以创造几千万人使用的服务。

这就是这个时代的威力！因为这就是潮流！

很多时候，你的成功和没落，不是因为你的强大或你的无能，而仅仅是因为你是不是在那个潮流之中。

对于生活在这个时代的人，微信、微博、天猫、京东、WIFI、智能手机已经不再是一项工具，而是我们的生活方式。

顺势，是一种思维、一种观念、一种习惯。当我们拿起手机上网购物，而不是去附近的零售店；当我们打开微信，而不是去写一封纸质的信件，或者一通昂贵的电话；当我们打开平板电脑或者电子阅读器，而不是去门口的信箱拿新鲜的报纸和杂志，这一切神奇的变革，没有轰轰烈烈，而是悄然而至。这就是我们的生活！

互联网思维的核心之一就是：顺势而为！生活在互联网高度发达和科技快速进步的大环境下，这个大环境就是"势"。任何个人和企业想要成功，必须顺势，不能逆势！

云商思维：移动互联不是延伸，而是颠覆

在我国互联网的发展过程中，随着 2014 年移动互联网元年的开启，移动互联网呈现井喷式发展。移动互联网用户在 1 月时总数就达到了 8.38 亿户，在移动电话用户中的渗透率达 67.8%；手机网民规模达 5 亿，占总网民数的八成多，手机保持第一上网终端地位。应用层面涉及休闲娱乐类、工具媒体类、商务财经类等不同应用与服务。我国移动互联网发展进入全民时代。

移动互联网是真正的一个互联网，甚至以后每个设备都能够连上网络之后，如人和设备之间的、设备和设备之间的通信连接。由此可见，移动互联网不只是延伸，而是颠覆。因此，在云商时代，需要云商思维。

☞云商思维下的云商模式

云商，也叫智慧云商。云商的使用，不管用的是 PC、手提、平板，还是智能手机，不管操作系统是 Android，还是 IOS 及 WP，实现了全面覆盖。云商跨地域、跨终端、跨系统、跨平台，全面领跑云时代。

云商思维下的云商模式，通俗说就是"腾云驾物"。"云"就是云商平台，以电商集群的方式，通过供应链有效连接组成"商务云"生态系统，在产品、服务、营销推广等方面实现资源共享。"物"就是线下实体店网络，以众包模式，将行业制造商、分销商、零售商和提供本土化设计、物流、安

装的优质服务商，纳入统一的云制造服务体系，实现真正的社会化服务。

☞O2O 发展模式

一是轻重型模式。轻模式，就是这一模式对地面服务介入得比较浅。作为以信息为主的门户网站，客户通过它可以找到相关的商家及其地址，可以找到一些相关点评，但这些评价信息欠缺提炼，可参考性也不是太强，如大众点评、58 同城、赶集网等。重模式，则将线上线下结合在一起，不仅仅做一个信息发布的平台，形成一个完整的服务闭环。

二是全行业或固定行业（细分领域、垂直领域）。除了覆盖全行业的O2O，也有一些只做固定行业的O2O，这也是O2O 在国外发展的主流。从奢侈品到租车，从家具定制到私房出租，细分行业的O2O 获得了相当多客户的青睐，也获得了国外银行的充分支持。

三是产品模式。目前最流行的O2O 产品模式有两种：一种是Search（搜索）模式，典型产品如大众点评，使用场景是：当你不知道要吃什么的时候，你可以通过大众点评搜索一个你不熟悉的店铺，然后去消费。另一种是Coupon（优惠券）模式，典型产品如麦当劳优惠券等，就是给你提供打折券、抵用券，吸引你去消费。

四是O2O 闭环。理想情况下，不管是轻型还是重型，不管是全行业覆盖还是固定在某些行业，O2O 的流程都应该构成一个统一的服务闭环。这个闭环里包含几个关键点：第一个是线上营销，扩大用户群。第二个是发现，通过信息推送找到客户，或者让客户主动提出服务需求，这个环节也有可借鉴的经验和技术手段。第三个是线上的预约支付和线下的交易，支付环节在线上还是线下没有明确界限。第四个就是数据的沉淀和分析。只有形成这个闭环，才能实现真正快捷、高效和友好的用户体验。

☞手机 APP 是现在 O2O 的新战场

O2O 作为新兴的销售方式，深受广大消费者的喜爱，随着O2O 模式的快速发展，越来越多的移动互联网应用对于移动支付的需求是非常迫切的。而在智能手机大量普及的今天，手机 APP 则是现在 O2O 的新战场。

手机 APP 软件应用在消费者中所起的功能是，让用户有再消费和分享的作用，即在消费中衍生出新的消费欲望并得以满足，同时，该功能还把自己在整个消费行为链条中的体验，通过移动互联网手段与他人分享。

总体来看，以上这些功能就构成了消费者在移动互联网时代的完整的消费行为链条，而这样的链条也有益于我们建立起对 O2O 平台商业模式的完整理解。

大数据思维：驾驭大数据就是驾驭未来

得大数据者得天下，因此要具备大数据思维。那么到底什么是大数据和大数据思维呢？

所谓大数据，便是"很大的数据"，这其中的大，可以从四个方面来解读：一是数据总量大；二是数据种类多；三是数据价值密度低；四是数据具有时效性。

所谓大数据思维，是指对大数据的认识，对企业资产、关键竞争要素的理解。包括分析全面的数据而非随机抽样；重视数据的复杂性，弱化精确性；关注数据的相关性，而非因果关系。

在这样一个每个人都要学会如何在数字化海洋里游泳的时代，企业应该具备怎样的大数据思维方式，才不至于被互联网数字洪流冲垮和淹没呢？这是我们接下来要探讨的话题。

☞数据更要命

互联网不但让实物财富变成了数据，也让知识和创意变成巨大的商业利益，随着越来越多的生产要素、生产场所、生产活动被搬到网上，数据本身就成为了一项性命攸关的资源。

在互联网时代，得数据者得天下，拥有核心数据资源的行业龙头企业正依赖强大的数据资源积聚和处理能力形成新的垄断形态，利用信息优势占据产业链的主导地位，产业链其他企业只能沦为任其支配的附庸，信息资源成为行业龙头企业左右产业链资源配置话语权的兵符。因此，企业有意识地对自身业务数据资源加以积累和利用绝对不是附庸风雅，而是决定自身命运和前途的竞争手段。

☞竞争更透明

今天的消费者有更多的选择，他们的选择空间巨大，只要百度一下就有很多的选择。而且互联网让他们更容易地找到他们所需要的商品，而且能够更廉价地得到，这个还不算，而且能够更个性化地得到。可以说，今天的消费者已经被互联网惯"坏"了。

在互联网面前，产品和服务之间的竞争变得越来越透明，单个产品的利润率越来越低，而与之相反，传统企业面对互联网后面庞大的匿名的消费者群体，缺乏有效的技术和能力去了解和分析，只好跟着市场热点随波逐流或者依附着那些龙头品牌亦步亦趋，日子过得很苦。

☞"倒逼"的发明

依靠人类少数天才精英所完成的闭门造车式的发明来推动社会进步的时代已经成为历史，在全民参与、共同受益的互联网信息时代，由于网络的发明和扩散，以前被排除在外的普通民众能够利用自由时间从事自己喜欢或关心的活动，人们现在可以把自由时间当作一种普遍的社会资产，用于大型的共同创造的项目，这是认知盈余产生了社会价值的原理。

今天的企业，与其耗时费钱吃力却不讨好地自建庞大的研发体系来实现技术创新，不如把创意需求和技术难题放到网上，顺其自然让发明被大众"倒逼"出来。

☞先知更具体、事实更雄辩

数据既可以用来了解历史和现状，也可以用来预测未来，而今天随着互联网泛化形成的庞大数据资源，让人类对各种事物的演变过程拥有更全面和深入的认知能力，今天的先知们不能仅仅依靠模棱两可的玄虚言辞对未来给出预测判断，还需要获取各种相应客观的数据加以支撑，实践证明，对于各种预测，数据越具体越有效。

随着信息要素缺乏的年代一去不返，还靠企业领导人凭经验和直觉拍脑袋做决定、拍胸脯定目标的粗放型管理方式来左右企业的命运无疑是落后的了，基于内外部客观形势来科学决策、让数据来说话、更开放、更透明、更民主的企业才能赢得各方资源的青睐和持续的品牌黏合，这对于在互联网时代大浪淘沙的市场环境下的企业生存显得尤为重要。

☞借力更容易

"顾客是上帝"的口号在 21 世纪的今天已经有点不合时宜了，在互联网时代，企业完全可以转变自己的观念，一味取悦顾客不如"把顾客变成合作伙伴"。

互联网时代顾客不再仅仅热衷于消费，他们更乐于参与到产品的创造过程中，互联网技术让人们参与创造与分享成果的需求得到实现，凭此人类每年盈余的 1 万亿小时有生产力的时间终于有了更好的"消磨"选择，市场上传统的著名品牌越来越重视从用户的反馈中改进产品的后续设计和提高用户体验，例如"小米"这样的新兴品牌更是直接建立了互联网用户粉丝论坛，让用户直接参与到新产品的设计过程之中。

☞思考常换位

互联网时代，企业的边界正在销蚀，由于互联网可以让消费者和供应者建立直接的连接，从而消除中间环节的交易成本，互联网将可能取代传统的企业组织，成为一种更高效的市场资源配置的机制。

在互联网时代，想要"活"得好的企业必须学会站在用户、客户和供应商等不同的角度来思考，把自己打造成一个多边参与的开放的平台，捕捉市场突发的商机灵活地扮演自身的角色，知彼知己、百战百胜，通过互联网采集的海量外部数据知彼、通过治理好自己企业的数据知己，这样才能在互联网大潮里面做到左右逢源，无往不利。

总之，大数据思维是一场数据革命，在大数据时代，我们必须用数据的眼光重新审视我们周围的一切，一切可以数据化，则意味着我们可以依托数据做出更为有效的决策。驾驭大数据，就是驾驭未来！

粉丝思维：粉丝就是王道，谁拥有的粉丝越多谁的权力越大

移动互联网时代的法则是"得粉丝者，得天下"。而粉丝思维这一新概念，就是旨在强调让粉丝为企业做贡献。因为粉丝就是生产力，所以粉丝经济学将大行其道。可以这么说，粉丝就是王道，谁拥有的粉丝越多，谁的权力就越大！

☞粉丝的"成色"

粉丝的"成色"各有不同：僵尸粉最便宜，几块钱就可以买一大把，其

至高仿真的僵尸粉还会自言自语,逼真地模仿真人"转发"、"评论",当然,这种僵尸粉价格会略贵些;五毛粉更贵一些,随着微博营销的火爆,价格也水涨船高;加了 V 的认证粉最珍贵,因为每个 V 粉后面,是一个真实的人。所以,我们看到的粉丝,是一个带着虚幻色彩偏偏又能影响真实用户的群体。

☞粉丝对产品的"关注"

对于企业来说,粉丝最大的作用就是对产品的盲目热爱,对问题的宽容乃至视而不见,他们可以一代一代地不停买产品,还会不断地主动推荐给他人。所以你会发现,很多不那么好的纪念产品,反而卖得不错,换言之,传统意义上的粉丝并不在意产品质量,而是更注重自己参与的感觉。

为什么粉丝会是疯狂的,而企业又必须要重视这一群疯狂的用户呢?粉丝是一群特殊的用户,他们的"关注"行为,不仅仅是想知道与产品相关的信息,而且还是潜在的购买者,或者是最忠实的购买者,互联网时代,关注也是有极大的用户成本的,它代表用户愿意接受你一定程度上的狂轰滥炸。而经营粉丝,就是时时刻刻都与用户联络感情,有重点地给用户灌输产品形态,同时还要解决每一个@里面带来的抱怨,这一点无论是虚拟的网络还是实体经济,道理并没有太大差别,有粉丝就有可能性。

忠实的粉丝往往是最专业、最热心、最挑剔的一群用户,他们一旦发现性价比极高的产品,不但会毫不犹豫地成为购买者,还会自觉成为积极的推销者,义务的宣传员,免费的客服,甚至是免费的售后工程师。

所以,无论是大品牌还是小品牌,都开始重视"粉丝",比如苹果的粉丝叫"果粉",小米的粉丝叫"米粉"等。几乎所有的企业都知道,拥有自己的粉丝是一件多么不容易的事情,就连一向持重的华为,也开始营销自己的"华粉"。

☞粉丝营销

粉丝营销是指企业利用优秀的产品或企业知名度拉拢庞大的消费者群体作为粉丝，利用粉丝相互传导的方式，达到营销目的的商业理念。现在也被用于电影营销方面，指利用明星的知名度吸引观众观看影片，利用粉丝相互传导的方式，达到营销目的。

苹果的（iPhone）手机产品，体现了粉丝营销的效果，甚至不乏一些狂热粉丝为了苹果的手机通宵排队购买。对于这些公司，粉丝营销的效果体现明显，由优秀的产品所聚拢的忠诚粉丝是粉丝营销中效果最好的。

☞汇聚粉丝的力量

企业的品牌需要的是粉丝，粉丝是最优质的目标消费者，一旦注入感情因素，有缺陷的产品也会被接受。他们对你的品牌、对你的企业拥有高度的忠诚和热情，还会向他的社交圈传播你的口碑，帮助你的业务获得非线性的增长甚至是爆炸性增长。

如何建立起粉丝思维，从竞争激烈的市场中汇聚粉丝的力量？我们有三个关键的课题需要研究：一是如何重新定义品牌的理念和价值主张，吸引粉丝？二是如何将品牌的消费部落打造成粉丝们温暖的精神家园？三是如何激发粉丝的激情和参与感？考虑清楚并解决好这三个问题，你将拥有大量粉丝。

用户思维：用户至上

用户思维，即在价值链各个环节中都要"以用户为中心"去考虑问题，是互联网思维的核心之一。用户思维崇尚"用户至上"，真正以用户思维为中心，从而赢取用户，赢取更大的市场。没有用户思维，也就谈不上其他思维。

在互联网时代，用户思维即是基本功。比如衡量一个好的以用户为中心的网站设计，可以有以下几个纬度：网站在特定使用环境下为特定用户用于特定用途时所具有的有效性、效率和用户主观满意度，延伸开来还包括对特定用户而言，网站的易学程度、对用户的吸引程度、用户在体验网站前后的整体心理感受等。

"以用户为中心"的用户思维不仅仅体现在做品牌的层面，还体现在市场定位、品牌规划、产品研发、生产销售、售后服务、组织设计等各个环节。说得通俗一点，就是用户要什么你就给他什么；用户什么时候要，你就什么时候给；用户要得少，你可以多给点；用户没想到的，你替他考虑到了。

用户思维，涵盖了最经典的品牌营销的 Who—What—How 模型：Who，我们的目标消费者选择，强调得用户者得天下；What，针对目标消费者需求，强调增加用户参与感；How，怎样实现，强调用户体验至上。

☞选择目标消费者

选择目标消费者是一种有意识的行动，只有经过仔细研究整个市场，才能确定哪些目标消费者的消费能力最大。在确定目标消费者时，提出下列问题是十分有益的：目标消费者对产品需求和渴望的程度如何？利用不同的推销方法对目标消费者影响的效果如何？利用什么样的分销和中间渠道？目标消费者是否容易接近？

所选择的目标消费者应当是成功机会最大的目标消费者，因为目标消费者的数目与企业的总销售量密切相关，因此可以使公司将主要精力集中于公司最擅长的地方。目标消费者的选择与寻找是成功推销的基础。

☞增加用户参与感

在品牌和产品规划层面，用户需要什么，我们就应该提供什么，用户需要的是参与感，我们就应该把这种参与感传递到位。

让用户参与产品开发，便是 C2B 模式。一种情况是按需定制，厂商提供满足用户个性化需求的产品即可，如海尔的定制化冰箱。另一种情况是在用户的参与中去优化产品，如服装领域的淘品牌"七格格"，每次的新品上市，都会把设计的款式放到其管理的粉丝群组里，让粉丝投票，其群组有近百个 QQ 群，辐射数万人，这些粉丝决定了最终的潮流趋势，自然也会为这些产品买单。

让用户参与品牌传播，便是粉丝经济。粉丝经济的要义，就是制造粉丝，让粉丝自组织推动一切。我们的品牌需要的是粉丝，而不只是用户，因为用户远没有粉丝那么忠诚。

☞用户体验至上

从消费者角度而言，用户体验至上意味着既要充分考虑顾客的需求，又要考虑顾客的承受能力。好的用户体验，应该从细节开始，并贯穿于每一个细节，这种细节能够让用户有所感知，并且这种感知要超出用户预期，给用户带来惊喜。

任何一款产品能否成功打入市场，被用户接受，好的用户体验是关键。用户体验是一种在用户使用产品过程中建立起来的一种纯主观的感受，这种感受会直接影响到用户对产品的信赖程度。因此，开发产品时要把用户体验放在产品开发的首要位置。

在互联网蓬勃发展的今天，用户思维之所以格外重要，是因为互联网消除了信息不对称，消费者主权时代真正到来。作为企业，必须从市场定位、产品研发、生产销售乃至售后服务整个价值链的各个环节，建立起"以用户为中心"的用户思维，只有深度理解用户才能生存。

免费思维：数字化网络时代的商业未来

在这个新模式不断超越旧模式的时代，一种商业模式既可以统摄未来的市场，也可以在当前彰显威力。免费思维创造的"免费"商业模式，它所代表的就是数字化网络时代的商业未来。

在当前，免费是真实、日益普遍且颠覆性的商业现象。那些用免费开路的互联网公司，在聚集起高流量后，诞生了一个又一个超级规模新巨头企业。免费模式所到之处，即颠覆或重新定义了该行业的游戏规则，免费是一种真实、强大甚至摧毁性的商业力量。在这个过程中，"免费"二字，早已深深地嵌入周鸿祎和奇虎360的灵魂之中。PC互联网时代，360依靠免费模式和他们对产品迭代的执着，颠覆了国内的杀毒软件行业，以安全的途径获得了PC互联网上的大把流量，最终开拓出导航、浏览器、搜索引擎等重头流量业务。

☞奇虎商业模式五次进阶

2006年7月，奇虎一款免费软件"360安全卫士"正式对外推出，专门扫描安装在用户电脑里的恶意软件，并且帮助用户卸载流氓软件。当时的流氓软件已经泛滥成灾，极大程度上破坏了用户对电脑的使用体验，急需一个工具来帮助卸载、清理各种流氓软件。所以，360安全卫士一推出便蔚然成风普及开来。360安全卫士发布仅两个月，就有超过600万网民下载安装，每天卸载的恶意软件超过100万次。目前360安全卫士的累计用户量已经突破4亿，成为仅次于腾讯QQ的第二大客户端软件。

奇虎360从2005年成立至今，其商业模式一共经历了五次具有标志性意义的进化过程。

进化一：捆绑第三方杀毒、内嵌软件管家。2007年1月起，360安全卫士捆绑卡巴斯基杀毒软件，所有安装360安全卫士的用户都可以免费使用卡巴斯基半年，另外半年用户所交费用卡巴斯基与360进行收益分成。同年360还推出了软件管家服务，内嵌在360安全卫士之中。凡是用户在软件管家中下载软件，软件供应商都要向360支付佣金，每次从几分钱到几角钱不等。以2008年为例，奇虎360全年近1700万美元收入中，66%来自杀毒软件的销售分成，34%来自推荐第三方软件下载的佣金。

进化二：内嵌网址导航的安全浏览器。2008年5月，奇虎推出了"360安全浏览器"。凭借着360安全卫士的巨大用户基数，其装机量也是一路高歌猛进。根据最新的市场调查，360浏览器活跃用户达到2.55亿，市场占有率位居第二，仅次于微软IE浏览器。与此同时，360架设了一个跟hao123类似的"360安全网址"（hao.360.cn），并将360浏览器的默认主页设为这个站点。随着导航站流量的增加，里面每一个网址链接入口其实都能开发成一个广告位，要想把自己的网址链接放在好的位置，就必须支付更多的广告费。

进化三：360杀毒、游戏浏览器。2009年，经过一年的测试之后，周鸿祎推出了360杀毒完全免费的正式版，内嵌在安全卫士中，颠覆了整个杀毒行业的收费模式。当然，也失去了每季度数百万美元的杀毒分成收入。360之所以推出免费杀毒软件，是进一步利用免费策略扩大用户规模、巩固用户黏性。作为对杀毒收入损失的弥补，2009年第二季度，360推出一款为游戏用户量身定做的浏览器——360游戏浏览器。和之前的安全浏览器内嵌网址导航一样，这款游戏浏览器内嵌了众多游戏开发商的网页游戏。游戏玩家只要是通过360游戏浏览器进入游戏，360即可获得游戏开发商的收益分成。

进化四：安全桌面、开放平台。2011年3月1日，360推出一款客户端软件"360安全桌面"。这一款外观酷似苹果iPad界面的软件，可以将用户原先杂乱的电脑桌面自动进行分门别类地整理，其目的和安全卫士、360杀毒一样，通过免费的方式增强用户黏性。与此同时，360 桌面也像腾讯 QQ 即时通信软件一样，将 360 公司所有的产品线和业务平台都内嵌进去。借助 360 桌面，360 就获得了一个类似腾讯 QQ 一样的用户统一入口平台，然后在此基础上扩展各种应用，并且打造成一个接入第三方应用的开放平台。

进化五：移动互联网。周鸿祎表示，未来几年将把主要精力放在移动互联网领域，并且已经陆续推出了 360 手机卫士、360 手机助手、360 手机浏览器等产品，将商业模式从传统互联网复制到移动互联网，卡位移动互联网的流量入口，最终将移动互联网的流量转化成收入。

仔细观察奇虎 360 商业模式的 5 次进化过程，不难发现，这种进化是内涵式、有机式进化，其所有的盈利模式都是在一个基本应用——免费安全软件的基础上裂变出来的。

对于拥有 4 亿用户的互联网公司来说，奇虎 360 通过核心的免费产品获得了巨大流量的来源。而将流量变现的过程，也是奇虎 360 逐步搭建平台的过程。未来的商业模式也许不会有本质的改变，但这种模式本身的规模和效率，在逐渐平台化的过程中，找到了提升的可能性。

☞免费思维的现实意义

究竟什么是免费商业模式？根据克里斯·安德森的说法，这种新型的"免费"商业模式是一种建立在以电脑字节为基础上的经济学，而非过去建立在物理原子基础上的经济学。这是数字化时代一个独有的特征，如果某样东西成了软件，那么它的成本和价格也会不可避免地趋于零。这种趋势正在催生一个巨量的新经济，这也是史无前例的，在这种新经济中基本的定价就是"零"。

免费思维是一种战略思维、创意思维。免费力量的本质就是创意的力量：一心生万物。身在充满免费产品及服务的世界里，免费思维，"这个可以有"。没有你就真 OUT 了！

第四章　战略突围：大佬们的掘金路

在商战掘金的道路上，有的企业并没有发挥优势、积极转变观念，实现自身的突围。但有的企业做到了，比如苹果、谷歌、百事可乐、佳能、万向集团、东鹏瓷砖、美元树、雪津啤酒、酷贝拉、瑞卡租车等。为什么这些企业能够傲立潮头，掘得真金白银？因为这些企业从战略上早已做好了准备。

苹果：一直被抄袭，一直在超越

苹果公司的产品畅销全球，改变了出版、音乐、手机、平板等多个产业。拥有 1000 亿美元的现金，市值更是达到了天文数字 5000 亿美元。2012 年 3 月又发布了新 iPad 以及 Apple TV，更开启了一个"后 PC 时代"甚至"后 TV 时代"。

毫无疑问，苹果公司是如今最成功的企业。而对苹果的评价中，"一直被模仿，从未被超越"也许是最符合其特色的观点了。苹果之所以有这样的成就，离不开它的战略。

☞苹果公司战略演变

苹果不仅是个用户体验高手，也是一个战略制定高手，其战略演变，大概有三个阶段，如图4-1所示：

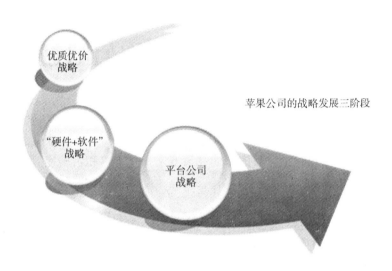

苹果公司的战略发展三阶段

图4-1 苹果公司的战略发展阶段

第一阶段是优质优价战略。乔布斯曾经底气十足地说："我们的目标并不在于制造出市场上最廉价的产品，而是制造出最优良的产品。如果这意味着麦金塔系列产品有时必须比别人贵10%~15%，就让它们比别人贵吧。"

第二阶段是"硬件 + 软件"的吸金组合拳战略。先是以优质优价吸引苹果粉丝。2001年iPod刚推出时价格高达399美元，随后容量更大的iPod推出，定价499美元。然后，推出衍生周边产品，比如iPodHi - Fi。更厉害的吸金手段是软件，比如苹果的iTunes、App商店。这个吸金组合拳是逐步完善的。苹果接下来推出的让"果粉"如痴如醉的iPhone、iPad等明星产品，都重复了类似的吸金线路。

第三阶段是平台公司战略。平台公司战略是乔布斯对苹果的最大贡献，可能是把苹果从一个消费电子公司升级为一个平台公司，以硬件来带动平台，再以平台来扩大新的硬件需求。

☞苹果 i 模式

苹果的产品线其实很简单，可以说是两个，即个人电脑和电子消费品，也可以说是四个，即 Mac、iPod、iPhone、iPad。其中作为电子消费品的 iPod、iPhone、iPad 最为醒目，将来还会继续往下走，出现苹果云——iCloud。我们可以将 iPod、iPhone、iPad、iCloud 合起来叫做苹果 i 模式。

所有的故事都要从 2001 年推出的 iPod 播放器开始。iPod 外观流畅简洁，成为时尚的象征。2007 年苹果推出 iPhone，自此，智能手机市场的原有格局完全瓦解。从那以后，又出现了平板电脑 iPad。

一般人疑惑不解，为什么苹果在 2001 年去做一个当时滥大街的 MP3 播放器，最后还成功了？这并不是苹果的技术有多好，当然，iPod 的技术也有好的一面，比如在播放器里先是加了一个屏幕，然后再将屏幕从黑白变成彩色，然后还加了一个硬盘，可以储存上万首音乐，这都是技术层面的革新。真正使得 iPod 产品成功的关键，是它构建了 iTunes 网上音乐商店，通过 30:70 的收益分成方式将大量音乐发行商集结到该平台上。

因为集结了大量的音乐资源，于是吸引了无数的音乐发烧友、歌迷。他们纷纷来到平台上，搜寻他们所需要、所追求的歌曲、电影以及各种视频。这是 iPod 最为成功之处。我们称之为商业模式的网络平台扁平化，在扁平化的开放平台上，吸引了众多的供应商和无数的消费者，这是该商业模式最为成功的关键。

其实从 iPod 到 iPhone，只是增加了通话功能，当 iPod 为亿万年轻人所用时，自然而然就演变成了 iPhone。可以听音乐、看视频，为什么不可以打电话呢？于是 iPhone 就问世了。iPad 也不过是将 iPhone 的小屏幕变成了大屏幕，大屏幕里面有更多体验式的视频、电子书库等。iPhone 和 iPad 的外围有一个伟大的产品——App Store。App Store 类似于 iTunes，唯一的变化是 App Store 集结了更为广泛的软件开发群体。iPhone 加 App Store 与 iPod 加 iTunes

是完全一样的经营模式。

由此不难看出，苹果的成功就是，它在众多的供应商与无数的消费者之间做成了一个扁平化的开放平台。该平台分为两类，一类是网络平台，就是 iTunes 与 App Store；另一类是终端平台，包括 iPod、iPhone、iPad。网络平台上储存了大量的音乐、视频、信息、游戏、电子书、软件，它们具有很强的外部需求网络性。而所有的软件、数据、信息以及体验活动都是通过终端来获取或参与。

所谓外部需求网络性，就是在苹果的网络平台与终端平台上面的用户可以接收到数以万计供应商提供的产品，包括音乐、游戏、视频、应用程序等。这些音乐、游戏、视频、应用程序给用户带来了巨大的价值和方便，用户可以利用它们创造更多的价值。同样地，越多的用户下载和使用产品，程序供应商和苹果公司获得的收益也就越大，并会刺激程序供应商开发更多更好的产品。用户和供应商就像滚雪球那样，越滚越大。

从战略管理角度看，苹果只做了两件事。它做了两个平台——网络平台与终端平台，然后将之扁平化——利用系统的开放性，将众多供应商与无数消费者都集中到该平台上。这是苹果商业模式与战略定位的成功之处。

苹果的这种模式，类似于实体店中的超市，最为成功的就是超市沃尔玛。超市就是一个平台，众多的供应商到这里来售卖产品，无数的消费者在这里找到所需要的产品组合。超市的特点是扁平的短价值链，苹果就是信息产品中间发展得最快、最大的超市。

☞苹果模式的启示

苹果的商业模式里，绝大部分是公共信息。通过将信息公共化、资源公共化、平台扁平化，实现了供应商的众多和消费者的无穷多。因为可以为众多的供应商和无穷多的消费者创造价值，苹果作为中间商，自己获取的价值当然更大。这就等于苹果在为所有的参与企业服务、为所有的消费者服务。

在竞争异常激烈的今天，人们越来越发现创意与创新的重要性。没有创新，我们只能在原地停留，想要成功创新是关键。只有不断进步，不断提高自己，有新的东西出来才不会被淘汰。在今天的电子消费品市场，"苹果"永远处于领先的地位，正是由于"苹果"的不断进步，不断创新。每一次"苹果"的产品都能让人为之疯狂，那是因为它是新的不是重复的，而且是永远不能被超越的。

谷歌：在较量中占尽先机，开创属于自己的时代

谷歌的搜索引擎具有两大技术优势，一是 PageRank 专利技术；二是分布式计算技术。在搜索引擎垄断搜索业务的身后，谷歌又开发出一系列相关的互联网软件，在扩展途中与微软、苹果、Facebook 进行较量，占尽先机，开创了一个属于自己的时代。

☞谷歌商业模式

谷歌在改进版的 AdWords 系统中，增加了竞价机制和按点击量付费的机制。AdWords 广告排名顺序不是单靠花钱买来的，而是综合考虑广告受欢迎的程度，引入点击率因素，来决定排序的变化。这本来是一项纯粹的商业策略，但意外地获得了新闻界的赞誉，认为不靠金钱买排名是谷歌"不作恶"文化的又一具体体现。

谷歌为什么可以凭借搜索市场的优势而成为广告机器的呢？谷歌既是终端用户系统，也是一个广告系统。谷歌本质上是一个网上社区，谷歌的搜索引擎将每一次用户搜索都当作一个"目的"，通过持续跟踪用户的搜索需求，谷歌建立起了一个"人类意图数据库"。通过对这些"目的"、"意图"分

类，广告商可以轻易地识别不同目标群体的兴趣爱好和需求，有针对性地投放广告。

☞从核心到外围

谷歌在 2001 年之后步入扩张期，扩张的路径是以搜索为核心，分别向上下游扩张。向上游的扩张表现在对内容产业的扩张，如电子图书、新闻和微博等，下游的扩张表现为向下游终端设备渗透，如智能手机、移动电视等。在扩展过程中，谷歌开发了办公软件的网络版、电子邮件、微博、聊天、社交、图片、地图、电子图书、浏览器、手机操作系统等多种产品，这些产品多数是通过充足的现金流并购而来的。

谷歌将 70% 的时间和金钱用在了核心业务搜索功能的改善上，其余的 20% 和 10% 用于与搜索相关度较大或不大的产品开发。但其核心业务显然也在随着互联网价值重心的转移而转移，它将搜索中积累的智能优势转移到移动互联设备上，开始在这些新兴的高增加值领域中与苹果等新的竞争对手竞争。但是，在移动设备上的竞争依赖的还是其操作系统。它将 "linux + chrome + 谷歌" 的捆绑模式，使其和当年的微软一样富有侵略性。

一是左战微软。谷歌大力倡导云计算的概念，未来的软件都会搬到网上，用户通过浏览器来操作。实际上，谷歌正越来越热衷于把微软的桌面软件移植到网上，比如谷歌已推出了在线办公软件。这一切都使微软面临威胁。

随着谷歌推出基于自身浏览器的操作系统，微软向网络软件渗透，双方的生态位重叠度越来越高，双方都深入对方的领地，竞争也越来越激烈。

二是右战苹果。谷歌因为主张开放源代码的新的智能手机标准而得到市场的青睐，成本优势相对苹果和微软推出的手机很有竞争力。但开源免费的 Android 源代码确实存在一些软肋，为了弥补 Android 的专利不足，谷歌在 2011 年初曾抛出 9 亿美元的报价，希望将北电网络 6000 项专利收入囊中。

但苹果、微软和黑莓等遭到挤压的失利者组成联合体，以45亿美元的标价竞购了北电网络的这6000项专利。可见，为了阻止谷歌在这个领域的扩张势头，竞争对手们可谓不惜血本。

出人意料的是，谷歌于2011年8月斥资12.3亿美元现金收购了摩托罗拉手机部门，此举不仅仅是因为后者具有谷歌继续的24000项专利，更表明了谷歌要在智能手机和移动网络领域和苹果以及其他对手一决高下的决心。收购摩托罗拉之后，谷歌的商业模式越来越靠近苹果，无疑将加强软件和硬件的完美匹配体验。

三是迎面撞上Facebook。Facebook是由美国人马克·扎克伯格于2004年2月创办于美国的一个社交网络服务网站。谷歌和Facebook之间的竞争，已然成为全球互联网技术前沿最具看点的商业较量，也是媒体跟踪报道的热点。

一家市场调查公司2010年做的一项调查显示，网络的社交功能正在超过搜索，美国上网用户对谷歌和Facebook的访问量超过14%。其中后者超过了前者，占7.07%，前者占7.03%。对于同样依赖广告收入的互联网企业来说，双方在点击率方面已经成了势均力敌的竞争对手。截至2011年11月初，谷歌+在向公众开放后短短两个月的时间里，已经吸引了超过5000万用户注册，扩张速度惊人。

☞谷歌成长战略的启示

从核心到外围，谷歌似乎也在向"全产业链"迈进，但微软、苹果、谷歌，以及新崛起的Facebook，它们的生态位宽度也在扩大，彼此的重叠度在增加，战火将蔓延全产业链的各个战场，但决定它们未来成败的关键不在于它们能够攻占多少别人的地盘，而是能够守住自己赖以起家的核心，这才是长期立于不败之地的法宝。

面对对手的挑战，谷歌第一反应还是立足自己的优势，谷歌近期发布名为"咖啡因"（Caffeine）的新版搜索引擎模型，能提供更快更精准的搜索结果。这是正确的战略选择。我们有理由相信谷歌将会继续站在一流竞争者的行列，它的奇迹还在延续。

百事可乐：向强者挑战的市场竞争战略

百事可乐于 1898 年诞生于美国，比可口可乐晚 12 年。它的味道同配方绝密的可口可乐相近，于是便借可口可乐之势取名为百事可乐。在当时，可口可乐已经在美国控制了绝大部分碳酸饮料市场，早已声名远扬，人们一提起可乐，就非可口可乐莫属。在饮料行业，可口可乐和百事可乐一个是市场领导者，一个是市场追随者。

作为市场追随者的百事可乐不甘平庸、默默无闻，高举"可乐"大旗，向其挑战的企业宣称，要成为"全世界顾客最喜欢的公司"，并且在与可口可乐的交锋中越战越强，最终形成分庭抗礼之势。百事可乐勇于向强者挑战的精神和高明的市场竞争战略，足令当代企业刮目！

☞百事可乐在境外的挑战之旅

作为市场追随者，百事可乐在最初的发展过程中有两种战略可供选择：一是向当时的市场领导者可口可乐发起攻击，以夺取更多的市场份额；二是参与竞争，但不让市场份额发生重大改变。经过近半个世纪的实践，百事可乐公司发现，后一种选择连公司的生存都不能保障，是行不通的。于是，百事可乐开始采取前一种战略，向可口可乐发出强有力的挑战。

"二战"后的美国，有一大批年轻人对一切事务的胃口既大且新，这为百事可乐针对"新一代"的营销活动提供了基础。经过 4 年的酝酿，"百事可乐新一代"的口号正式面市，并一直沿用了 20 多年。可口可乐试图对百事可乐俘获下一代的广告做出反应时，百事可乐制定了进一步的战略，向可口可乐发起全面进攻，被世人称为"百事可乐的挑战"。

在这个过程中，百事可乐通过广告宣传，让消费者重新考虑他们对两种可乐的忠诚度，结果百事可乐比可口可乐更受欢迎。可口可乐对此束手无策，结果，百事可乐的销售量猛增，与可口可乐的差距缩小为2:3。

随后，百事可乐又以500万美元的代价，聘请迈克尔·杰克逊拍摄了两部广告片，并组织杰克逊兄弟进行广告旅行。这位红极一时的摇滚乐歌星为百事可乐赢得了年轻一代狂热的心，广告播出才一个月，百事可乐的销量就直线上升。

几乎与此同时，百事可乐利用可口可乐和包装商们的利益纷争，以及联邦贸易委员会对饮料行业特许包装体制的反对，争取过来数家包装商，并且让可口可乐公司遭受了一次非常公开的挫折。

1978年6月12日，《商业周刊》的封面赫然印着"百事可乐荣膺冠军"。A. C. 尼尔森关于商店里饮料销售情况的每月调查报告也表明：百事可乐第一次夺走了可口可乐的领先地位。

实际上，百事可乐和可口可乐的商标设计可能最能反映二者的特色和定位。

可口可乐选用的是红色，在鲜红的底色上印着白色的斯宾塞体草书"Coca-Cola"字样，白字在红底的衬托下，有一种悠然的跳动之态，草书则给人以连贯、流线和飘逸之感。红白相间，用色传统，显得古朴、典雅而又不失活力。

百事可乐则选择了蓝色，在纯白的底色上是近似中国行书的蓝色字体"PepsiCola"，蓝字在白底的衬托下十分醒目，呈活跃、进取之态。众所周知，蓝色是精致、创新和年轻的标志。百事可乐的颜色与它的公司形象和定位达到了完美的统一。

百事可乐不仅在美国国内市场上向可口可乐发起了最有力的挑战，还在世界各国市场上向可口可乐挑战，进入可口可乐公司尚未进入或进入失败的"真空地带"，如苏联、以色列、印度等。

1975 年，百事可乐公司以帮助苏联销售伏特加酒为条件，取得了在苏联建立生产工厂并垄断其销售的权力，成为美国闯进苏联市场的第一家民间企业。

在以色列，可口可乐抢占了先机，先行设立了分厂。但是，此举引起了阿拉伯各国的联合抵制。百事可乐见有机可乘，立即放弃本来得不到好处的以色列，一举取得中东其他市场，占领了阿拉伯海周围的每一个角落，使百事可乐成了阿拉伯语中的日常词汇。

20 世纪 70 年代末，印度政府宣布，可口可乐只有公布其配方，它才能在印度经销，结果双方无法达成一致，可口可乐撤出了印度。百事可乐的配方没有什么秘密，因此它乘机以建立粮食加工厂、增加农产品出口等作为交换条件，打入了这个重要的市场。

由于饮料行业的激烈竞争，为了规避风险，百事可乐选择了多元化经营。从 20 世纪 60 年代起，百事可乐就试图打破单一的业务种类，迅速发展其他行业，使公司成为多角化企业。从 1977 年开始，百事可乐进军快餐业，它先后将肯德基食品公司、必胜客意大利比萨饼和特柯贝尔墨西哥餐厅收归麾下。随后又在快餐业向强手发起了挑战，结果同样战绩非凡，其质优、价廉的食品，高效、多样的服务赢得了顾客的青睐，销售额年年创纪录，很快成为世界上最赚钱的餐饮公司。许多老牌快餐公司在百事可乐咄咄逼人的攻势下败下阵来，甚至麦当劳也受到了巨大的威胁。

至 1990 年，百事可乐和可口可乐平分市场，在零售方面百事可乐甚至超出了 1 亿多美元。该年度 A．C．尼尔森公司对美国、欧洲和日本的 9000 名消费者进行了调查，排出了世界上最具影响的十大名牌，百事可乐和可口可乐均获此殊荣，分列第 6 位和第 8 位。百事可乐已经实现了成为全世界顾客最喜欢的公司的梦想。

☞百事可乐在中国市场的竞争战略

由于可口可乐是最早进入中国的美国企业，具有百事可乐不可比拟的先入优势，百事可乐在中国同样处于挑战者的位置。

百事可乐在中国市场采取以下竞争战略：

一是以年轻人和爱好体育的人士为目标市场。1999 年 3 月，中国足球协会宣布，中国足协与国际管理集团经过友好协商，正式签订协议，由百事可乐公司买断今后 5 年中国足球甲 A 联赛冠名权，从 1999 年开始到 2003 年，甲 A 联赛将冠名为百事可乐全国足球甲 A 联赛，同时，合同规定，禁止其他饮料企业进入甲 A 联赛俱乐部和球队，一举独占了中国最大体育运动市场的宣传权。百事可乐还通过多种形式参与中国体育，扩大在体育爱好者中的影响。另外，百事可乐的广告也全部以时尚、新潮、青年或运动人士为诉求重点。

二是集中开拓北京和南方主要大中城市。现在百事可乐产品已在国内 12 家合资的灌瓶厂制造，包括北京、深圳、广州、福州、上海、南昌、桂林、成都、重庆及长春等地，除了北京和长春外，全是南方城市，其中上海、福州、成都、重庆被认为是百事可乐最重要的领地。

三是并购国内饮料企业。1993 年，百事可乐在广州成立百事亚洲饮料有限公司，设立了两家浓缩液生产厂，一家负责生产百事饮品，另一家则负责生产当地品牌。1994 年，百事可乐又同天府可乐和北冰洋饮料公司达成协议，成立了重庆百事天府饮料有限公司和北京百事北冰洋饮料有限公司。

四是多样化经营。百事公司旗下的饮料和餐饮业务均已在中国展开。目前，百事可乐饮料在国内的产品包括百事可乐、七喜、美年达及激浪、北冰洋等，百事可乐餐饮在中国主要是肯德基炸鸡和必胜客比萨饼。

百事公司在中国积极扩展的成绩十分显著，仅 1994 年，该公司在中国的销量就增加了 50%。但在中国可乐市场，可口可乐仍然处于绝对优势，以纯正的美国口味成为"可乐"的同义词，得到了许多消费者的一致喜爱。然而，百事可乐具有勇于向强手挑战的精神、杰出的经营销售经验，以及人才云集优势，绝不会甘居人后，好戏还在后头。

☞中国企业向百事可乐学习什么

百事可乐令人称道的是它勇于挑战的勇气和其市场竞争手段，最终取得了一席之地。中国企业不仅应该学习百事可乐勇于面对世界级强手的精神，更应该学习的是百事可乐如何向强手挑战，找准定位，做好市场营销。

百事可乐在美国挑战可口可乐的主要方式，是其卓然超群的市场定位和对销售渠道的控制。在可口可乐一统天下的年代，针对青少年对碳酸饮料的强大需求及未来的购买潜力，百事可乐将自身定位于"创新、年轻并富有活力"，这对于20世纪60年代的美国年轻人极具号召力，并且控制了销售渠道中的包装公司，因此能够异军突起。在可口可乐和百事可乐鏖战可乐市场的时候，七喜将自己定位为非可乐，也迅速打开了销路。

在国际市场上，百事可乐的竞争策略也很独特，它看准时机，占领了可口可乐的"真空地带"，不仅避免了后入劣势和两败俱伤的局面，还在大片地区形成了垄断。百事可乐对麦当劳等快餐公司的挑战主要是有针对性地"提供质优、价低的产品，高效、多样的服务，并不断创新"。这些策略都眼光独到、精准，切中要害，深合顾客心理和需求，因此能够行之有效。

佳能：打破对手的战略定式

小企业未必永远不能与大企业抗衡，最重要的是要找到"巨无霸"的软肋，找到自己最坚硬的地方，然后寻找一个攻击支点，采取差异化的竞争战略改变游戏规则，改变力量的强弱对比，从而获得以小胜大的业绩。佳能从施乐产品中那些不能满足人们需要的地方入手，运用从对手的优势中找到弱点的思路，实现了打败对手的战略突破。

☞考察市场

20世纪中后期，施乐发明了复印机，在复印机行业取得了巨大的成功，使人们一提起复印机就会想到施乐这一品牌，施乐也当之无愧地成了复印机行业的老大和代名词。为了保护自己，施乐采取了过河拆桥的战略，申请了500多项专利。

假如一个企业要花钱买它的500多项专利，制造出来的复印机会比它贵几倍，根本没有市场。美国这类产品的专利有效期为10年，到了第九年，佳能便开始对施乐进行研究，走访施乐的用户，了解他们对现有产品不满意的地方。同时也走访没有买过施乐复印机的企业，寻找没有买的原因。佳能走访的结果获得了这样几条主要的线索：

一是施乐复印机是大型的，当时叫集中复印，一个有钱的大企业也只能买得起一台，因为它是几十万、上百万元一台，速度和性能都非常好。但价格太高，不是每个企业或企业的部门都能消费得起的，这是第一个不满意。二是一个公司假如说有十层楼，一台复印机放在任何一个地方，所有人哪怕复印一张纸都要跑到那里去，不方便，这是第二个不满意。三是如果老板要复印一些保密的东西，如人员晋升、涨工资等材料，他不愿意把文件交给专门管复印的人复印、登记完了送回，这样一来就产生了第三个不满意，即保密性不好。

☞制订方案

根据这几个问题，佳能有了解决问题的方案：第一，设计一个小型复印机，把造价降到原来的1/10、1/20；第二，将复印机做成像傻瓜相机一样，简单易用，不用专人操作；第三，操作简单、价格便宜，每个办公室都可以拥有一台，老板房间可以自己用一台，解决了保密问题。

此时，战略的脉络似乎已经很清晰：消费者期望能有一台价格便宜、操作简单而且体积小便于放置在私人办公空间的小型复印机。就这样，佳能找到施乐的"伤疤"，随即开始了小型复印机的研发。经过一年多时间，这款小型复印机问世了，从产品概念上来看，已经从根本上解决了消费者的需求。

既然问题都解决了，是不是就可以生产了呢？不是，因为还有很多问题没有解决。

佳能很清楚，市场竞争一定是动态的，在新品推向市场之前，就应该想到别人会怎样反击。所以佳能在考虑，假如将复印机生产出来，施乐就会反击。因为当时的施乐是复印机大王，如果这个产品一面世，施乐一看这个市场不错，它用不了几天就可以将新产品做出来，一脚就能把佳能踩死。

☞战略联合

佳能意识到，自己没有办法营造一种环境来保护孤军作战的自己，没有办法过河拆桥，怎么办？聪明的佳能想到了办法——联合多家小企业，联手对抗施乐。

佳能设计出这个产品后，拿着非常诱人的说辞跟理光、美能达等厂家沟通："如果我们联合起来做这个产品，这个产品的市场前景是什么样的，如果你从我这买。第一，投产时间要快一年多；第二，只花你开发费用的1/10。"

如果对方是一个理性的厂家，你说对方会拒绝吗？一定不会！

最后，佳能终于跟这些小企业结成了一个联盟，十多个日本厂家同时推广这么一个分散复印的概念，一举改变了游戏规则。一下就把这个市场做起来了。

为什么？首先，施乐是用一家公司来对抗十多个日本公司，这时的力量对比就不一样了。佳能这么做的好处还有，打消了几家日本公司自主开发的念头，在无形中消灭了一批未来的竞争对手。其次，如果佳能再开发出来新产品，还是卖给你开发费用1/3的价位，你要不要？没有理由不要！自己开发又费时间又费钱，跟佳能合作，等于"天上掉馅饼"，坐享其成，何乐而不为呢？最后，只要佳能开发一代，这些企业就从佳能那儿拿一代的许可证，不用自己开发了，这就意味着它们默认了佳能在复印机市场上的领导地位。

由此可见，正是因为佳能对原来复印机市场的游戏规则非常了解，所以它才有能力开发出一些新产品，从根本上改变游戏规则。假若佳能只是在施乐的专利保护期到期之后，模仿制造大型复印机，或者以小型复印机为武器，单枪匹马地跟施乐正面斗争的话，结果可想而知。

综上所述，佳能之所以能成功赢得市场，在于其精心规划自己的策略，改变了市场游戏规则，打破了强大对手既定的战略定式，而非一味模仿竞争者的脚步。

万向集团：永远先人一步

机会对于每个人来说都是均等的，永远都要先人一步，这是成功的秘诀所在。先人一步，可以让你获得主动的地位，从而占据更加有利的因素。万向集团董事长鲁冠球，在机会面前以敏捷的反应捷足先登，鼓起奋斗的勇气抓住了机会，他的人生从此多了一份成功的机遇。

鲁冠球认为，自己的成功秘诀之一就是"先人一步"。在禁止私人经营的年代，他率先办起了没挂牌子的米面加工厂；在众人避之唯恐不及时，他变卖全部家当，将命运押在了盘下的工厂烂摊子上；在只有国企才有资格参加的汽车零部件订货会场外，他摆下地摊，以低价一炮打响；在没人弄清楚

"万向节是什么"的年代，他已开始搭建自己的企业平台；在许多企业还在搞"大锅饭"的老一套时，他却已探索出"脑袋投入"和"口袋投入"的人才理念；他四处运作，撕开了"计划"的口子，跻身于全国万向节生产"三家定点厂"；改革开放初期，他又试行股份合作制，吸收社会法人入股，使万向迅速成长为企业典型，而由他开始的"农民企业家"这个名词，也在企业史上变得举足轻重。

鲁冠球的这许多次"壮举"，对当时的中国人来说是大胆之举，同时这也改变了他的一生。他创业经历的每一个跨越都是抓住一闪而过的机会，先人一步，果断出击，最终赢得成功。

鲁冠球的成功带给我们的启发是：在瞬息万变的商海中，市场机遇来得快消失得也快，消费者需求变化快，竞争对手崛起快，只有更快地获得信息，更快地做出决策，努力提高效率，才能抓住市场机遇，掌握商战中的主动权。

☞果断做出决策

从时间机遇来看，各种因素、态势、机遇都处于稍纵即逝的变动之中。在决策过程之中，抢占时机、随机决策就是指一旦时机成熟，要当机立断，果敢决策，切不可优柔寡断，当断不断。

鲁冠球就是一名善于果断决策的企业家，这一点在他为万向集团解脱制度束缚的战役中尤为突出。当时在计划经济与有限市场的夹缝中蹒跚学步的万向节厂，名为乡镇全体人民集体所有，实为乡镇政府全权控制。在这种体制格局下，作为厂长的鲁冠球，深感行政干预太多，缺乏发展的自主权。当时连厂里搞绿化买几棵树、修一下工厂大门、添几台小设备，甚至给工人发几元加班费，都要请示报告，隔了多少日子批下来之后才能动。这严重制约了企业自我发展的手脚，更不利于企业对市场变化做出积极的反应。深受束缚的鲁冠球断然决定争取企业自主权，他与乡政府签订了抵押承包合同：超额完成指标有奖，完不成指标要受罚、要赔偿。为保证罚、赔的兑现，乡政府要求鲁冠球以自己的家产作抵押。

当时的鲁冠球并不富裕，只能用家中唯一值钱的花木作抵押。那些花木价值大约2万元，是鲁冠球打算用来换钱盖房子的。万一承包失败，房子盖不成事小，辜负了广大职工的期望事大。但看准了的事，鲁冠球是不会迟疑的。为了争得创业与发展的自主权，鲁冠球果断地在抵押承包合同书上签了字。

通过承包摆脱了行政直接干预的万向节厂，果然如鲁冠球所预料的走上一条高速发展的道路。但众所周知，承包制的效力是有限的，政府可以通过承包给企业放权，也可以通过改变承包方式、条件、指标等予以收权。为了争得彻底的自主权，鲁冠球又率先搞起了股份制。经过一段时间的股份合作制的探索，到了1988年，在浙江省有关领导的支持下，鲁冠球在工厂净资产1500万元中划出750万元，作为乡政府的投资，并折合为股份明确归乡政府持有，从而使乡政府从过去拥有行政干预权的"万能管理者"变成了"普通股东"。这又一次为万向节厂争得了自主权，而且是完全的自主权。

正是由于鲁冠球一次又一次的果断决策，才使万向萌发了全新的生命力。我们可以想象一下，假如当年的他稍有犹豫，今天的万向又会是什么样的局面？

☞及时做出行动

在商品经济社会，产品就像一片无边无际的海洋，如果我们在制定产品策略时随波逐流，必然难以占有市场；反之，如果我们能静观市场产品结构的变动，细心寻找市场的空白，然后抓准时机，及时发展冷门产品，往往可使自己的产品捷足先登，在市场上独占鳌头。

鲁冠球选择专业化生产万向节绝非偶然。万向节是汽车传动轴和驱动轴之间的连接器，可以在旋转中任意变换角度。在汽车传动轴上，万向节只是一个小巧的部件，但它却是个调皮的精灵，其精度与硬度都将影响传动的节律。制造一个万向节一般要经过锻造、车加工、热处理、磨加工等环节。以锻造为例，拥有相当资金实力的企业一般都能采购到符合质量的材料和设备，但最关键的温度控制却是个难题。如果能够攻克技术难关，就能使万向节的质量大大提高，从而使企业拥有远远超过其他竞争者的市场优势。

鲁冠球由此看到了万向节极大的潜力和发展空间，决心走专业化生产的道路，专门生产万向节。于是，1980年，浙江萧山万向节厂挂牌经营生产，并开始在生产中采用效率更高、难度也更大的冷锻工艺。在行业内，万向在冷锻技术、产品设计等方面形成了较强的技术优势，并最终使得名不见经传的小厂牢牢占据了万向节市场的霸主地位。

☞学会"以变应变"

现代市场经济是一个开放式的大系统，它的内外环境处在不断变化之中，"永远变化"是企业必须遵循的一条亘古不变的规律。在险象丛生、瞬息万变的市场中，没有普遍适用的经营策略，没有久畅不滞的走红产品。要使自己在多变的市场中立于不败之地，就必须掌握不断变化的需求动态，了解不同市场的不同特点，注意竞争对手的策略招数，不断采取正确的对策，变于人先。如果经营思想陈腐守旧，产品面孔多年照旧，营销方式消极呆板，销售渠道狭小不变，不仅不能先人一步，反而要落人几步，肯定会被竞争对手拖垮，被市场的波涛淹没。

鲁冠球常说，改革是无止境的。老的问题解决了，新的问题又会出来；表层问题解决了，深层问题又会暴露。只有永不停息、常改常新，才能永远站在时代前列，永不落伍。在这方面，鲁冠球可以说是中国企业界做得最好的企业家之一。他不仅善于发现并通过不断地、持续地改革来解决企业体制上存在的问题，而且也善于发现自身的不足，并通过不断地学习予以弥补。用他自己的话来说，这叫超越自我。正是因为有了这种自我超越的精神和干劲，才使他成为中国企业家的"常青树"，成为不断改革企业体制、不断创新企业体制的模范人物。

总之，"快"是一大优势，可以赢得顾客，战胜竞争对手。只有"快"，才能提高效率，才能减少劳动支出，降低成本，为实施先人一步的策略创造条件。在创业过程中，谁先投入市场，谁就占领了市场的制高点，谁就巧妙地运用了先人一步的时间差。由于市场多变，竞争激烈，这些机会常常是昙花一现、稍纵即逝的。如果不能迅速看准和抓住市场闪现的这些机会，就会被捷足者先登。所以我们应当争分夺秒，把握每一个倏忽即逝的机会。

东鹏："1+1+1+1+1+1>6"的品牌新跨越

2013 年，是中国陶瓷以创新和技术赢得世界关注的一年，被称为陶瓷行业第一大展的意大利博洛尼亚国际陶瓷卫浴展览会首次出现中华民族自主品牌；"又硬又透"的皇家玉、亚马逊产品横空出世，颠覆了瓷砖"硬而不透，透而不硬"的现有标准；全球首创具备空气净化功能的空气净化砖诞生等，这一系列让世界触目的成就，都离不开中国建陶领军品牌——东鹏瓷砖。

广东东鹏陶瓷股份有限公司始创于 1972 年，是世界级的瓷砖、卫浴产品专业制造商和品牌商。东鹏在品牌的推广上，与同处一线品牌的美的中央空调、欧派橱柜、大自然地板、雷士照明、红苹果家具结成"冠军联盟"，整合资源打造一体化的家居平台，在品牌推广、广告宣传、联合促销等方面进行深度合作，历经"非常 5+1"促销活动、"博鳌论坛——对话地产商"博鳌论坛、"空间与设计对话"设计高端论坛、"绿色家装手册"发布倡导绿色环保消费、"千城万店，亿元盛惠"等价值营销活动，抢占了市场份额，实现"1+1+1+1+1+1>6"的品牌新跨越，获得了业内的广泛关注。

以创新赢得市场，以技术扬名国际，东鹏无疑走出了一条自主陶瓷品牌升级的模范之道。

☞从"制造"向"创造"跨越

东鹏很早就决定依靠创新，加速进军高端市场。经过反复试验，东鹏瓷砖终于研发出了第一块"金花米黄"瓷砖。这款产品当时让东鹏的产销量大幅度提升，帮助企业实现了扭亏为盈，甚至引领了当时行业的发展潮流。

尝到甜头的东鹏把更多精力投到创新中。每年将销售额的3%作为研发经费，建立了省级陶瓷工程技术研发中心，成立了行业首家博士后工作站，并与国际知名研发机构、设计中心合作，"卡拉拉"、"洞石"、"纳福娜"、"至尊洞石"、"水晶瓷"、"皇家玉"、"亚马逊"、"健康宝"……各种兼具原创新、设计性、功能性的新品不断诞生，在赢得火爆的销售业绩的同时，更获得了300多项国家专利。

在做好产品设计的同时，东鹏还加大新设计、新技术、新材料在生产中的开发和应用，开发出了一批陶瓷卫浴产品。东鹏的不少新产品已经达到了世界领先或者行业领先的水平，引领行业从"制造"向"创造"跨越。

☞攻克世界难关

不仅在国内长居领头羊地位，即使是放眼全球，东鹏在陶瓷行业中亦是绝对的明星企业。尤其是2013年推出的皇家玉、亚马逊新品，更是攻克了瓷砖"又硬又透"的世界难题，让世界同行大为震惊，赢得了世界的关注与尊重。

如何让瓷砖"又硬又透"是建陶行业长期无法攻克的世界级难题。东鹏为满足消费者对瓷砖丰富纹理和通透感的追求，同时解决耐磨这一矛盾，由东鹏博士后工作站、联合东鹏研发中心、国际顶级设计专家团，投入巨资，历时3年进行专项研究，开发出被行业誉为"世界第一配方"的"翡翠配方"，成功研发生产皇家玉、亚马逊产品，集玻化砖和微晶石的优点于一身，颠覆了瓷砖"硬而不透，透而不硬"的现有标准，实现了建陶材料的科学突破。

接着，东鹏再次突破国际级别的技术难关，向全球建陶消费市场同步推出具备空气净化、湿度调节、消除异味、装饰家居四大功能的"东鹏健康宝空气净化砖"，震撼世界同业。

东鹏产品畅销海内外，已在美、英、德、意、法、韩、西班牙等30多个国家和地区注册了国际商标。东鹏是中国陶瓷行业首个在意大利陶瓷核心萨索罗进行自主品牌经营的中国品牌，被赞誉为中国陶瓷驻意大利的"领事馆"。在国际同行眼里，东鹏俨然成为中国陶瓷的代表，为佛山、中国陶瓷企业走向世界提供范本。

☞企业价值观

东鹏奉行"为社会创造效益"的企业价值观，长期致力于慈善公益事业，捐赠数千万元人民币，进行春蕾助学行动、捐建爱心小学等，不遗余力支持环保、保护文物、支援灾区、关注民生，获得了政府和社会各界的广泛好评。东鹏积极倡导低碳环保，置身环保一线。采用油改气、废料回收等多种环保措施，积极研发环保低碳产品，先后通过 ISO9001 国际质量认证、ISO14001 国际环境管理体系认证、中国环境标志产品认证等，成为行业低碳先锋。

2011 年，东鹏"阳光天使"服务品牌全新升级，实行"有阳光照耀的地方，就有东鹏送去的服务"理念，将东鹏服务进一步标准化、规范化。同时，东鹏建立了遍布全国的 1500 多家五星服务站，组建了近 20000 人的"阳光天使"服务队伍，依托在全国完善的售后服务网络体系，为消费者提供全程、全方位的产品服务和家装解决方案。

中国东鹏，这只东方大鹏，乘着"百年企业、百亿东鹏"的"双百"愿景之风，已开始展翅翱翔，在国际大舞台上奋飞，尽情演绎一个民族品牌的风采与未来。

美元树：比沃尔玛价格更低，利润比沃尔玛更高

是谁这么胆大包天，敢和沃尔玛比价格？是"美元树"Dollar Tree——美国的一家连锁零售商。它们竟特意把很多门店开在沃尔玛旁边，并宣称商品比沃尔玛便宜。

在美元树的店里，所有商品只卖1美元！就靠开这样的连锁店，它进入到《财富》美国500强企业之列。到2010年底，公司在美国共拥有4101家门店，年销售收入59亿美元，利润为4亿美元。那么，是什么原因让美元树取得了如此大的成功？

☞低价采购策略

美元树靠销售清仓产品起家，公司的3位创始人曾于1986年共同开设一家连锁的"工厂直营店"Outlet，主要销售过季清仓产品。这就是美元树公司的前身。

直到现在，美元树还非常重视采购清仓产品。这是因为，许多厂商都会在购物季过后，清仓处理尾货，这时美元树则会趁势吃进。据说美元树有大约上百名不为人知的"秘密采购员"游走于各处，寻求此类商机。2004年秋，采购员听闻一个竞争对手取消了一批薯片的订货，立刻行动，以1毛钱一罐的单价买了两吨薯片。短短几周，一销而空。生产商避免了货物积压，顾客低价购得喜欢的商品，美元树则获得了丰厚的利润，皆大欢喜。

目前，美元树大约六成的商品在国内采购，四成从国外进口，特别是从中国、越南、墨西哥等低成本地区，大批量采购商品。

为控制成本，美元树在采购商品时，根据不同的产品种类，严格执行"目标利润率"。而且没有任何单独的一个供应商，其所占比例超过了10%。随着规模扩大，美元树得到的好处是，很多供应商，包括宝洁，愿意为它定制独特包装的产品，以适合卖1美元。

1美元的定价带着强大采购优势。比如，宝洁有一款"佳洁士"薄荷增白牙膏。沃尔玛的网上商店是两支装（每支6.2盎司）一起卖，需要4.79美元。美元树的网店则是3.5盎司一支，卖1美元。美元树的价格，每盎司比沃尔玛便宜1/4。

☞卖什么不卖什么大有学问

美元树的超市绝对称不上大，它的单店面积只有沃尔玛的1/10。要吸引顾客，关键之一就是靠它对"卖什么或不卖什么"的选择。

美元树的产品组合具有设计性。正如公司联合创始人麦肯·布洛克所说："我们正在卖的东西，是你想要但又不是十分必要的。"这是因为，这类商品能带来很高的利润率。

美元树在年报中将所有商品分为了三类：第一类，被称为"基本消费品"，约占全部商品的50%，包括糖果食品、保健美容用品等；第二类，被称为"多样化产品"，如玩具和礼品等，约占全部商品的45%；第三类，"季节性商品"，如复活节、万圣节、圣诞节用品，占5%。

维持大量第一类商品的供应，是为了让顾客经常光顾门店。然而最赚钱的恰恰就是后两类商品。简单来讲，后两类商品使用率不高、品牌性不强，质量要求较低，只要在进价上保证够低，那么利润率高是绝对有保证的。

☞一边PK沃尔玛，一边学习沃尔玛

低价，无疑是美元树叫板大型连锁超市的筹码。但怎样才能从它们的牙缝里抢顾客？美元树的创始人们想到了一个奇招，即将门店开在距离沃尔玛不到 3 公里的地方。

这可是一步险棋，毕竟沃尔玛的口号就是"天天低价"。况且，同样打低价牌的美元树，在单店面积和商品数量上远远落后于沃尔玛，如何虎口夺食？美元树的策略是"低价 + 小店渗透"。

美元树的所有商品一律只卖 1 美元，这显然比沃尔玛的大多数商品便宜得多。而将店面开在沃尔玛附近，则可以让消费者很方便地对比价格，从而选择在美元树购物。

这还不算完，美元树还进入竞争对手认为市场已经饱和的地区，比如在中小城市，美元树通过在同一区域开许多小店，渗透进去。由于小店覆盖半径更短，更方便顾客购物。由于美国的住宅区大多离大型超市较远，人们每次采购都得兴师动众，美元树这一策略，大大方便了顾客就近购物，从源头上再次掐住了如沃尔玛之类大型超市的咽喉。

当然，美元树在竞争的同时也学起了沃尔玛。比如，沃尔玛是物流高手，美元树也不差。美元树建立了 9 个配送中心，可支撑 80 亿美元销售额，而且 95% 的商品是通过配送中心送到门店（沃尔玛的这一比例为 80%）。这不仅节约了物流成本，还加快了存货周转。同时，它还进一步改善了零售终端系统，大约有 2700 种日常消费品，可以通过"自动补货系统"来配送，这大大提高了存货的周转速度。

但这个学生一点也不简单。更低的进价，更低的店面成本，再加上更快的周转速度，2010 年，美元树的毛利润率和净利润率分别为 35.5% 和 6.7%，而沃尔玛则分别为 24.8% 和 3.9%，都被美元树超过。

其实，1 元店、10 元店、尾货店等，中国人早有发明。美元树的成功，在于它将这种低端模式以连锁方式规模化了，从而提高了这一业态的信誉度，并通过规模化的运营降低了采购和运营成本。但美元树的模式并不容易复制，因为规模化过程中，如何控制加盟店的商品品质，如何完善物流配送体系，如何降低存货的资金占用，这些都需要更精细化的管理。

雪津啤酒：改良后的经销商模式，一飞冲天

福建雪津啤酒是个土生土长的企业，3年间销售收入增长166%，税前利润增长5倍，市场占有率达45%，中高端市场占有率高达95%，最终以58亿元人民币的估价出售给英博啤酒。

福建雪津啤酒为什么能一飞冲天？因为它们背靠一座巨大的隐形金山：经销商资源！它们通过改革经销商模式、重新设计经销商利益安排，实现了飞跃式发展。

☞当时的行业状况

中国快速消费品行业，并不像制造业那样竞争格局相对稳定，而常是英雄辈出。特别是饮料行业，每隔数年，就会涌现出一批明星企业和亮点品牌，如蒙牛、王老吉、汇源、农夫山泉、健力宝、洋河蓝色经典等。

在跨国公司面前，它们往往能虎口夺食，占据一席之地。或迫使外资花大价钱并购，从而兑现股东价值；或以强大的民族品牌影响力，不屈不挠地叫板；或像史玉柱那样，大胆杀入本就白热化的市场。

啤酒行业技术壁垒不高，营销模式大同小异，竞争充分。而且在福建，"雪津啤酒"还有大白鲨（隶属青岛啤酒）、惠泉（隶属燕京啤酒）等优秀的竞争对手，它为什么能取得这样优异的成绩呢？就是改革经销商模式、重新设计经销商利益。

☞改革经销商模式

"经销商"这种商业模式之所以具备独特的竞争优势，是因为在中国，

地区、城乡发展极不平衡。这样的话，比起发达国家，中国的市场就细分出更多层次。而在这些细分市场中，这些土生土长的"经销商"则拥有深度的网络优势、低廉的成本结构、灵活的经营理念、简洁专注的业务运作等。

经销商经过几十年的市场经济积累，已经实力雄厚，深受业内人士尊重。很多消费品企业都借助经销商推动，迅速成长，就像每位成功男士背后，都有一位优秀女性在支持、奉献一样。

在改革之前，雪津啤酒的经销商，分为"经销商"和"终端零售"两个层级，利润微薄"经销商"的单价利润每件只有0.5元，有的甚至亏本赚吆喝；"终端零售"的利润每件也只有1元。这使得"经销商"和"销售终端"并非心甘情愿卖公司的产品，一旦有好品牌在手，有可能全部造反。事实上当时已有经销商暗度陈仓、经营其他品牌啤酒。

雪津啤酒在"经销商环节"进行了力度颇大的改革。采取"终端直供模式"，要求经销商按月销量缴纳一定的保证金，且必须专卖雪津啤酒，否则取消经营权。作为回报，公司承诺年底每件返利2元。

雪津啤酒还对经销商下面的终端网络实行"特约专卖"。在雪津啤酒所在的莆田市，全市的终端店铺，90%被雪津啤酒签了"特约专卖"。

这样，雪津啤酒可以做到"目标市场的精耕细作"和"终端市场的深度分销"，实现了"运销渠道的扁平化"，有效控制了经销商恶性竞争杀价、砸货、跨地区串货等问题，建立起了新的价格体系。

更为核心、鲜为外部所知的是，雪津啤酒还对其股权结构进行了调整。其中的一个核心内容就是，除高管人员持有40%的股份外，部分颇具实力的经销商出资占有雪津啤酒20%的股份。

通过股权结构调整，实现了"经销商"和"制造企业"的利益捆绑，使得雪津啤酒在对营销渠道进行变革时，可以得到经销商的鼎力支持。在英博高价收购雪津啤酒后，经销商的股权投资也获得了可观的回报。

商业模式中，对"经销商"环节的设计，往往是建立竞争优势的重要部分。在考察投资项目时，不能忽略其"经销商的价值"。这一价值由以下几方面构成：企业的经销商实力、对经销商的管理和指导协调、与经销商的利益安排。可见，设计商业模式时，在经销商环节，能把"利益捆绑"和"管理控制"有效结合，便可决出胜负。在这方面，福建雪津啤酒经销商商业模式创新成功案例值得学习。

酷贝拉儿童体验园：运营模式全国复制

酷贝拉，中国青少年体验教育基地，于 2009 年 12 月 17 日始建于湖南长沙，孩子可在室内场馆中体验 60 多种不同的职业，如小记者、飞行员、主持人等，通过活动加强孩子的社会实践能力，推动素质教育。随着发展壮大，酷贝拉实施了全国复制运营模式的计划。

☞初战长沙

酷贝拉的创始人王跃在 2008 年带着他 9 岁的儿子到日本的儿童职业体验乐园趣志家（Kidzania）。他问孩子哪个好玩？孩子答道"当然是趣志家了"。

王跃的儿子从两三岁开始，晚上便没有刷牙的习惯，但他在趣志家体验了牙医角色后，无须提醒，他已经知道了自己牙齿的结构了，知道为什么晚上一定要刷牙。趣志家的门票全部是网上订购，每天限流 1500 人，居然接近 3 个月订不到门票。这两个理由足以让王跃倾注全部精力！

2009 年 12 月 17 日，王跃在长沙创造了一座全新的儿童体验式乐园。150元可以让小孩在 4 个小时的时间里，扮演他想成为的人，有 77 种职业可以选择：医生、警察、消防员、记者、糕点师等。干得好有工资拿，叫酷币，在园里可用来买东西或存银行。总之，小孩会玩得很有成就感。

酷贝拉职业体验乐园将社会里各行各业的建筑按照同比缩小的方式浓缩，组合成为一座微缩的"城市"，并且具有自己独立的公共系统、金融系统、安全系统、法律系统。孩子们可以在里面跟着辅导老师进行职业体验，并赚得"酷币"。

酷贝拉的定位是"中国少年儿童综合能力供应商"。当园区里的消防署释放出煤气的味道和烧焦的味道时，孩子就会知道危险在什么地方。地震馆使得孩子切身体会到地震的危害……平均每个环节45分钟，适合3~15岁的人群。在湖南，一个11岁的孩子来过70多次园区。另外一个患自闭症的孩子，经过45分钟大型魔术学习，能够当着很多孩子和家长的面表演。家长流泪了。

与品牌商家的合作模式，为酷贝拉创造了更多的价值点。可口可乐和麦当劳，将微型的产品生产线搬到了场馆内，儿童亲手参与可乐和汉堡包的制作流程，完成后还能将体验作品带回家；东风日产和中石油则共同冠名一个综合型的赛车场馆，里面有模拟的赛车场地和加油站，孩子们或者考驾照来体验司机，或者成为加油站的一名员工。

长沙酷贝拉除了广告模式，实体店的餐厅也构成了酷贝拉的收入来源，此外还有电影、照片留念，甚至还包括孩子的全程摄影。一个孩子不同年龄来，可能会留下不同的精彩瞬间。

初战告捷，长沙酷贝拉第一年就接待了40万人次，而且当年盈利。

☞全国复制

酷贝拉在长沙火爆后，2011年7月开园的上海酷贝拉拥有了更加宽阔的面积，位于徐汇区，占地2.4万平方米（其中欢乐园1.2万平方米），70多个场馆，近100种职业。

体验园区并不是王跃产业链布局的全部，这里还有亲子百货（出售耐克、阿迪达斯等品牌产品）和酒店（打造的是孩子喜爱的太空房或者公主屋之类的梦幻小屋），王跃对这些领域胸有成竹。

2011 年年底，酷贝拉沈阳园区开园，这里有国际学校，涉足儿童教育。

在嘉兴，还有动漫体验园，这是由二级公司酷贝拉动漫和浙江广电合作的项目。王跃将之解释为"迷你的酷贝拉乐园"。

酷贝拉计划 3 年内拓展到 10 家，5 年后覆盖全国市场。

☞运营模式

王跃构筑出了包含互联网事业、动漫文化、出版发行、少儿体验教育机构、衍生商品在内的产业链条以及亲子百货、亲子酒店、国际双语学校等系列产业支线。除北京、上海和总部长沙外，其余较发达城市由二级公司独自经营，根据其人口量级缩小规模。

不过，整个产业链中，最让王跃寄予厚望的是网络游戏。酷贝岛、酷贝园、酷贝城分别是互联网上的酷贝拉体验乐园、互联网上的幼儿园和网上商城。这是个类似于"虚拟人生"的网上虚拟社区。

与单纯网游不同，酷贝拉希望实现线上线下、鼠标水泥的结合。网游公司虽为独立公司，但是却与实体店同出一根，并且枝叶相绕。常规网游上的虚拟货币只能在虚拟环境使用，购置装备；但酷贝拉网游是在体验过程中收获成果，进而与线下实体联动。

王跃深谙"人流"的价值，他说，"门票"的时代早已经过去了。酷贝拉的门票目前是全国最低价 150 元，等到酷贝拉在全国开至 5 家，门票就可能降至 50 元。他宣称"我要让中国所有的孩子都玩得起"。

除了门票收入，酷贝拉还有两类收入：

一是品牌植入广告收入。如出售"场馆冠名权"，商家支付场租以及冠名费。在长沙酷贝拉的 62 个体验场馆中，就有 40 多个场馆被冠名。比如，孩子们做的蛋糕是"21 客"的蛋糕，麦当劳也将微型的产品生产线搬到它冠名的场馆，让孩子们亲手制作汉堡。如果孩子们想存钱，服务的银行是"浦发银行"。另外冠名商还有可口可乐、DQ 冰激凌等。

二是衍生产品及其他收入。除了餐饮收入外，亦开发玩具、文具、纪念品和饮料等衍生产品，还设想进入网络或传媒领域，比如推出与实体店互动的网络游戏，还有衍生产品——5 个酷贝小精灵。

低价门票会带来更大的人流量，人流量是商家愿意植入广告、衍生产品能打响知名度进而卖出去的关键。

☞独创所在

王跃的酷贝拉虽然受日本趣志家启发而来，但已经与趣志家有了根本的不同：

第一，酷贝拉是一个城市，长沙的高 7 米，上海的高 12 米，上下两层的小镇风格。它是目前全球最大的体验产业园，上海酷贝拉仅欢乐园就 1.2 万平方米，即使日本的趣志家也只有 6000 平方米。

第二，酷贝拉欢乐园里有 400 名辅导老师。这些老师都是高校毕业，经过严格培训。

第三，酷贝拉的设计请的是日本在这个领域的顶级公司 PAOS，各个场馆融入了大量中国传统文化元素。里面卖的衍生品也是台湾团队精心打造的。

第四，酷贝拉拥有一整条的产业链，在场、在线、在播，即使目前国际领先的趣志家也是只有体验园。

第五，酷贝拉一直非常注重整合政府资源。政府的支持和参与，使得酷贝拉在较低土地租金的基础上，还可以适时购进土地。而投资酷贝拉的机构也不乏湖南广电、上海徐汇区的文化产业基金光启基金、上海文广集团、沈阳国资委这样的国有机构和永宣资本这样的风投基金。

综上所述，酷贝拉的发展得益于行业的弱势：适合青少年进行社会体验的游乐场所太少了。从迪士尼区域化合资案例，到境外水务公司在中国项目中"资产公司"与"运营公司"的分离设立，以及"沃尔玛"与"深圳国投商置"的协同合作模式都是借鉴。酷贝拉有积极的社会价值，可取得政府支持，实现"相对轻资产"扩张。

瑞卡租车：聚集低端，获得成功

目前，中国各大租车公司的市场定位各有不同。有些搬用国外模式，做"大而全"，配备多种车型，做全国扩张，另外还有一些定位做商务租车的公司。相比之下，2009 年成立于广州的瑞卡租车，则聚焦大城市内与城郊之间的本地人口，定位于做日常交通解决方案，它们创造出了"便利店"租车的概念。这种"聚集低端"的运营模式和服务理念，使瑞卡获得了成功。

☞ "屌丝"的时尚租车

所谓"便利店"租车，字面的理解就是让租车便利性更强。瑞卡 CEO 李春田强调：便利的内涵实际上有 3 个关键词：快捷、无忧和时尚。这个时尚不是高富帅的专利，屌丝也有自己的时尚观，有更酷的用车生活。

在选址方面，瑞卡租车进入的城市大都网点众多，店址一般选择在便于用户到达的轨道交通站点旁边，或在大型、成熟的社区内开店。便利店不一定非得把租车开到居民楼下，但是必须遵守客户方便到达的原则。

除了选址便利外，标价更透明，以降低用户的决策成本和决策时间。瑞卡不会像一些租车公司打出几十元的价格，等消费者到场后，发现实际价格还要添加手续费、保险等各种费用，最终价格可能远高于原来的标价。瑞卡承诺，消费者看到的价格一定是最终可以拿到车的价格。

瑞卡还力求让租车流程更简单。比如，一般租车公司会在提车时刷 5000元或 8000 元甚至 1 万元预授权。还车结账之后，再刷一次预授权，作为违章扣款的抵押，手续非常烦琐。但在瑞卡租车，用户只在提车时刷 2000 元预授权即可，还车时不需要再刷一次违章预授权。这样，客户大为方便了。处理违章天数变少，其实是瑞卡租车对内部运作效率提出了更高要求。

不仅仅追求快捷，瑞卡还将便利租车的"无忧"做到极致。比如，他们为了提高用户的消费保障，让客户安心用车，实行了全行业最高保障范围的"无忧"措施。只要租车用户选择每天交 20 元，就可以获得 1 万元以内的车辆损伤免责。其中像车窗、轮胎、座椅等保险公司从来都不保的损害范畴，在瑞卡租车也能做到完全免责。

☞从成本节约＋客户体验的角度做精细化管理

瑞卡成立的早期，也曾采用过五六种车型试水，但现在已经把车型精简为全国只有一两种车型。之所以敢采取这种极简单的策略，是因为瑞卡发现了消费者的消费行为也存在着一种"需要层次理论"，即消费者最为关注的因素依次为价格、便利、保障这 3 方面，而车型的多样性需求还要排在后面。基于此，瑞卡果断做了减法。真正的利润空间在运营成本、管理成本、人工效率。在这方面，瑞卡占尽优势，因为瑞卡是精选车型。

精细化管理是企业的命脉，其核心目的有两个：一是降低成本；二是增强客户体验。瑞卡将非核心需求上省下来的成本，叠加到满足客户的核心需求上去，一直坚持将降低成本和增强客户感受同步进行，在产品细节和流程优化方面做出不少尝试。

由于车型精选，使得每家分店的员工培训更加标准化，员工例行检查的流程也简化了很多，包括运营督导的作业流程也不一样，甚至上下游外围商家的管理也更加到位。如此一来，从供应商管理到后期运营，所有环节的效率都提高不少。比如，保险杠坏了，正常维修的喷漆流程可能需要一天半以上，喷完漆，还要等油漆晾干。而在瑞卡，半小时就可以维修好，因为只需要更换一个保险杠、拧动 18 个螺丝即可。

在车辆高出租率运转的状态下，维修耗费很长时间必然影响出租和客户体验。瑞卡仅仅用精选车型这一个动作，就让运作的标准化程度大大提高。

最为关键的是，他们通过电子信息系统，尽量减少人工，提高服务准确度。瑞卡分店的运作、客户服务的每个步骤，都是按照标准化流程，在电脑的提示下完成。

瑞卡的电子信息系统既像一个无声的指挥员，也像一个无形的道杆，承担着运营标准化的复制与延伸。包括对车辆的养护，也通过电脑控制。比如，如果某分店的一辆车跑到规定公里数还没保养，系统就能自动锁定，不允许出车。信息化的管理能大量降低人员的管理成本和服务偏差率。

任何成本都是由客户买单。瑞卡任何环节成本的降低，都是在为客户减负。瑞卡希望通过精细化管理带来效益，让客户得到更多实惠。

此外，在其他流程管理方面，他们也不断进行着微创新。每次客户结账时，需要查看剩余多少汽油、核算价格、加上油表指向模糊等因素，作业非常麻烦，并且也很容易损伤用户体验。为此，瑞卡推出"满油取还车"规则，用户每次取车都是加满了汽油的待租车辆，并同时培养用户养成"满油还车"的习惯。这样一来，门店的运作简单了很多，客户权益也得到了最大保障。

在"聚集低端"的战略下，瑞卡体现出不同凡响的核心竞争力：第一，经济低价、价格透明。因为定位于城市人口生活的一部分，首先要保证人们消费产品时，感觉价格没压力。第二，流程快捷。具体体现在选、订、付、取、还上，比如长效租车合同、免检产品缩短取还车时间等。第三，无忧保障。比如瑞卡的2000元免赔的无忧产品甚至涵盖轮胎、玻璃破损等，减少租车障碍，让消费者无忧租车。

第五章　激活企业内部掘金体系

企业内部建设在企业经营过程中至关重要，是企业全部"内功"的根基所在。内部建设旨在激活内部掘金体系，需要在人才观、品牌观、产业链整合、自主创新、人才开发等方面建立长久有效的机制，因为机制是一种能够使员工的行为及结果向着企业大方向转化的力量。此外，企业领导者要有把企业做强做大的恢宏气度，并在实践当中发挥出作为一名领导者应有的作用。

人才观："人"比"信息"本身更重要

在一个信息社会中，一个人才能够比一个一般的人员做出更多的贡献。原因很简单，在信息时代，最重要的是学会使用信息工具而不是单纯积累知识，学会使用信息工具，才能以此延伸和拓展个体自身的能力，创造出更有价值的信息。因此，"人"比"信息"本身更重要。

人才具备有效利用信息传播工具，并有效获取信息、运用信息的基本能力。优秀企业人才理念的智慧在于，吸引和训练员工运用各种信息工具来代替人脑工作，以便高效能地发挥出人的潜能，从而创造出经济效益和社会效益。

在微软公司，世界上最小的 Basic 语言（一种设计给初学者使用的程序设计语言）就是比尔·盖茨一个人写出来的。而为微软带来巨额利润的 Windows（微软公司制作和研发的一套桌面操作系统）也只是由一个研究小组做出来的。

在信息时代里，能够利用和创造信息的人才的价值尤为重要。微软的人才理念包括这样几个方面，如表 5 - 1 所示：

表 5 - 1 微软的人才理念

理　念	具体体现
求贤若渴	追踪和挖掘人才
任人唯贤	面试和聘请人才
人尽其才	评估和培养人才
才尽其用	重视和留住人才

☞求贤若渴：追踪和挖掘人才

重视人才的一个最直接的体现就是管理者要善于雇用高水平的人才，而微软公司的各级管理者都非常善于发现和雇用人才，无论对方是大师级的人才，还是应届大学毕业生或已离开公司的人。

例如，微软公司最重要的领导和大师吉姆·阿尔琴曾在微软公司负责平台产品研发。当年比尔·盖茨想请他加入微软的时候，通过朋友多次联系他，吉姆·阿尔琴都置之不理。后来，经过比尔再三邀请，他终于答应来面试。结果，他一见到比尔就直截了当地说，微软的软件是世界最烂的，实在不懂比尔·盖茨请他来做什么。比尔·盖茨不但不介意，反而对他说，正是因为微软的软件存在各种缺陷，微软才需要你这样的人才。比尔·盖茨的虚怀若谷感动了吉姆·阿尔琴，他终于来到了微软公司。

再例如，比尔·盖茨于 1991 年决定创立美国微软研究院时，请了多名说客，专程到美国宾州的卡内基梅隆大学，邀请世界著名的操作系统专家雷斯特教授加入微软。经过 6 个月的时间，在比尔·盖茨三顾茅庐的诚意之下，雷斯特教授终于加盟了微软。雷斯特博士加入微软以后，也同样用最高的诚意和无限的耐心，去邀请计算机界最有成就的专家参加微软，共创未来。如被誉为"激光打印之父"的斯塔克伟泽博士，发明文字处理软件的查尔斯·西蒙尼，在施乐带领软件研究的巴特勒·兰普森和带领硬件研究的查克·萨克尔，在苹果的史蒂夫·卡普斯，还有上百名在其他方面的世界专家，都经过雷斯特博士的游说（或更早的时候）加入了微软。

此外，微软公司一直追踪着离开公司的优秀员工。微软并不认为员工跳槽是一件坏事。对于离开公司的优秀员工，微软会认真分析该员工离开公司的原因，以便进一步改进工作。同时，微软也会对他们离职后的工作情况进行追踪，准备在合适的时间再把他们请回微软。这种鼓励人才流动的机制可以更好地激发人才的积极性，可以真正得到员工的信任和支持。

☞任人唯贤：面试和聘请人才

微软的面试机制是众所周知的。微软对于面试采取了严谨的态度，采用精心设计的面试流程。每一个申请者的面试都有多位微软员工参加，每一位参加面试的员工都事先分配好面试时的任务。除了确认专业知识和经验之外，微软也会出很多题目来测试申请者的独立思考能力及面对难关时的表现。

微软不仅要雇用那些技术上的专家，还要雇用聪明、学习能力强、有团队精神的人。所以，面试时对这些方面也要深入地询问。每一次面试后，面试者都会把他的意见和下面应该考核的问题交给后续的面试者。最后，只有得到绝大多数参与面试者的同意，并在明察暗访所得的结果令他们满意时，微软才会聘用该申请者。

任人唯贤是微软公司一贯遵循的用人理念。微软深信两句话：一句是"一流的人雇用一流的人，二流的人雇用三流的人"。因此，当一个队伍雇用第一个二流的人的时候，就是它走下坡路的时候。另一句是"雇用人才应以提高组织当前的整体素质为标准"。微软要求每一个新雇员的素质都超过整个团队的平均水平，以此来提升团队的平均素质，而不是降低团队的素质。所以，微软公司的管理者总是希望雇用到比自己强的人才。如果你雇用的人才最终能成为你的上司，你不应当感到羞愧，而应该感到无比的自豪。

☞人尽其才：评估和培养人才

雇用员工之后，微软公司会定期对人才状况进行评估和分析。每年，各部门的管理者都必须把本部门最杰出的 50 ~ 150 位人才的详细情况报告上来，上层管理者把总共约 600 人的资料装订成一本独特的《人才报告》，然后花上整整两星期的时间来评估这些人才的发展前景，每天还会邀请这些人中的 20 位共进晚餐，以进一步了解这些人才。这样的工作可以为高级人才在公司内的发展设计最好的路径，也可以在公司有空缺职位的时候迅速找到合适的人选。

微软深信"人尽其才"，所以设计了"双轨道"机制，既允许优秀员工在管理轨道上发展，也允许他们根据自己的意愿，在技术轨道上发展。在每个轨道上，微软为员工提供的机会是平等的，员工并不一定非要做管理工作才能促进个人事业的发展。在微软，一个最高级别的工程师可能比副总裁还要资深。这样的"双轨道"政策从制度上保证了人才发展道路的多样性，有利于吸引人才和留住人才。

微软公司鼓励公司内部人才的流动和发展。各级管理者都遵循人尽其才的方式给每一个优秀的人才发展的空间。各级管理者也深深理解"最优秀的人不属于我，而属于公司"，他们不会把人才据为己有，而是给最优秀的人才更好的发展机会，无论这个机会是不是由自己所管理的机构提供的。在这样的制度下，优秀的人才大多能找到适合自己的发展道路。

除了培养优秀的人才之外，微软公司也注重发现并督促那些表现较差的员工，给他们机会改进，否则就只有要求他们离开。为了达到这个目的，微软公司建立了完善的分级评估体系，并定期对员工的工作表现进行考核。在每一年度的考核中，每一个副总裁必须把他部门所有的员工分成四个等级：超过期望、达到期望、达到大部分期望和没有达到期望。每一个等级必须有合理的比例，总会有相当一部分员工被评为第三或第四等。其中拿到第四等（大约是5%）的员工等于是拿到了"不改进就得走"的信息。

☞才尽其用：重视和留住人才

很多人认为，留住人才的关键是待遇。的确，每个人都应该得到适当的待遇，但对一个软件从业人员来说，他更看重的是工作环境如何。与提高员工待遇相比，微软更注重做到提供一个能够吸引人、留住人的环境。

在重视和留住人才方面，微软的措施包括：有众多的产品，能让员工发挥才华和潜力，做出最大的贡献；充分的资源支持，让每个人都没有后顾之忧；最佳的队伍和开放、平等的环境，让每个人都有彼此切磋、彼此学习的机会；吸引人的科研工作，让每个人都热爱自己的工作；领导者理解并支持员工的研究，让每个人都能在紧随公司大方向的同时，仍有足够的空间及自由去发展自己的才能，追求自己的梦想。

正因为微软重视信息时代人才的重要性，成功实施了人才战略，才创造了举世瞩目的辉煌。

事实说明，在信息时代，吸引和培养信息财富的创造者和使用者，即具备信息意识、信息技能、信息素养的创新型人才，是企业走向未来的必由之路。

品牌观：聚焦力决定公司的未来

定位理论创始人，被誉为"定位之父"的艾·里斯曾经指出，建立品牌、增强竞争力最为有效的方法是收缩品牌的焦点，包括产品线、顾客、渠道等，从而使品牌更容易进入顾客心智。在市场经济高度发展的今天，一个企业要走远，除了要有过硬的产品品质，还应拥有一个令人信服的品牌。不断深化、挖掘这一品牌富矿，形成品牌聚焦力，将成为企业发展的关键所在。

一个企业应该选择一个品牌还是多个品牌？每个品牌究竟该有多少产品线？在这方面，有的企业曾经走过弯路，有过沉痛的教训，而有的企业获得了发展。其中的关键就在于是否找到并实践了"品牌聚焦战略"。

品牌并非是一个单纯的符号、标志或名称，它可以被理解为给企业或组织带来益处、经营上必不可缺的"无形资产"。一些企业的经营管理层将"提高企业价值"置于经营战略的核心位置，这些企业几乎所有的企划活动都是围绕品牌战略而展开的。

☞准确定位

很多企业拥有庞大的产品种类，凭借广撒网来占据更多份额的市场，但是却很难让消费者记住，成为名牌。这其中很重要的一个原因就是其自身定位不清晰，不能成为消费者心中的唯一和优先的选择。

在一个传播过度的时代，获得成功唯一的希望就是有选择性，缩小目标，分门别类，成为单一品类中的首选，这就是定位。而定位最为有效的办法就是用极其简化的信息传递给目标群体，并使之记住，这就是"聚焦"。品牌一旦聚焦，常常让企业迸发出难以抑制的活力，成为企业的核心竞争力。

定位是一种战略思想。在自身定位不清晰的情况下，企业不知道发展方向。路径不明，所做的事情很有可能是在绕弯路、兜圈子，事倍功半，甚至越努力离真理越远。一旦企业战略定位清晰了，发展方向确定了，接下来的一切决策都必须从企业战略和定位出发，符合企业定位的产品要加大投入，不符合企业定位的产品要砍掉，也就是聚焦。在产品渠道上同样如此。

☞聚焦产品

"集中优势兵力，各个击破"是毛泽东军事理论的核心内容之一，并在实际战争中发挥了巨大的作用。这在现代企业经营以及商业竞争中也有着极其重要的价值。

综观市场上的企业，绝大部分都在走一条"多点出击，全产品线布局"的路子。以醋为例，山西醋企可以算是"撒网"最广的，产品线从低至一两元的袋装醋，到三五元的瓶装中档醋，再到售价高达几十元的高档醋，无所不包。如果一家生产醋的地方只选择其中一个，集中有限的实力，打造拳头产品，就能获得品牌优势而发展壮大起来。

☞善于扬弃

要想聚焦，必然有所扬弃，正所谓"大舍大得，小舍小得，不舍不得"。要打持久战，必须进行聚焦经营，所有的工作都要围绕品牌来做，将品牌视为最终目标；而销售是战术，要打速决战，将利润最大化。

一般规模的企业不可能投入大量资金持续推广品牌，这就需要看准一个市场，用最大的力度、最有效的手段在最短的时间内拿下，然后再把目标转向下一个市场。

总之，通过准确定位和聚焦产品，形成企业的取舍效应，是企业及其品牌保持可持续竞争优势的有效途径。

整合产业链：发现产业中的高利润区

产业链理论认为，往往一个行业都有一条产业价值链，从原材料的生产、供应到产品的设计、生产再到品牌的打造和销售，形成了一条完整的产业链。在这条产业链中，有很多个利润区，而且每个利润区的利润高低不同，有的利润区高，有的稍高，有的则很低。准确地寻找到产业链的高利润区，并把企业的战略定位在那里，再由此提出企业独特的客户价值主张，这个独特的、高利润的、难以复制的客户价值主张，就是商业模式的支点。

只有通过整合产业链，准确把握产业链的最高利润区，才能根据这个利润区去配置客户群的选择、价值的获取、产品差别化和业务范围的确定。企业整合产业链一般由以下五个部分组成。

☞优化企业内部价值链，获得专业化中优势

企业集中于产业链的一个或几个环节，不断优化内部价值链，获得专业化优势和核心竞争力，同时以多种方式与产业链中其他环节的专业性企业进行高度协同和紧密合作。这样可以极大地提高整个产业链的运作效率，也使得企业获得低成本快速满足客户日益个性化需求的能力，从而击败原有占据绝对优势的寡头企业。

☞深化与产业价值链上、下游协同关系，整体化快速响应市场

企业通过投资、协同、合作等战略手段深化与产业价值链上、下环节的企业的关系，在开发、生产和营销等环节进行密切的协同和合作，使自身的产品和服务进一步融入到客户企业的价值链运行当中，从而切实改善其运作效率，帮助其增加产品的有效差异性，提高产业链的整体竞争能力。在此过程中企业得以结构化地提升存在价值，市场竞争优势得到巩固和加强，同时也符合产业链的控制权和利润区向末端转移的产业演进趋势，必然使企业获得较高的利润回报和竞争位势。

☞强化产业价值链的薄弱环节，释放整体效能

企业注意强化产业价值链中的薄弱环节，主动帮助和改善制约自身价值

链效率的上、下游企业的运作效率，从而提高整个产业链的运作效能，将使其竞争优势能建立在产业链释放的整体效率基础上，从而获得相对于其他链条上竞争对手的优势。具体的做法可以运用由强势的高效率企业对低效率企业进行控制和强制的手段，也可以通过建立战略合作伙伴的方法进行解决，最后还可以通过产业链主导环节的领袖企业对产业链的系统整合来实现。

☞把握关键环节，重新组织产业价值链

企业必须识别和发现所在产业链的核心价值环节，也即高利润区，并将企业资源集中于此环节，发育核心能力，构建集中的竞争优势；然后借助这种关键环节的竞争优势，获得对其他环节协同的主动性和资源整合的杠杆效益。这个整合过程使得企业可以成为产业链的主导，获得其他环节的利润或价值的转移，构建起基于产业链协同的竞争优势。

☞构建管理型产业价值链，不断提高系统协同效率

作为行业领袖的领先企业不能仅仅满足于已取得的行业内的竞争优势和领先地位，还需要通过以上几种产业链竞争模式的动态运用，去应对产业价值链上价值重心的不断转移和变化，使自己始终处在高价值的关键环节中，保持竞争优势；同时还要密切关注所在行业的发展和演进，主动承担起管理整个产业链的责任。只有这样，才能获得产业链的合理结构和高效的协同效率，引领整个行业去应对其他相关行业的竞争冲击或发展要求，以保持整个行业的竞争力，谋求产业链的利益最大化。

在整合产业链的具体运作中，各环节企业，无论是主导企业，还是一般参与企业，应尽量做到：强调产业链的共同利益最大化；产业链上各环节间的协同应是长期的且持续改进；合作的产业链中的企业之间应加强相互信任和认同；要注重对产业链中共同资源的管理和维护；各环节企业要在产业链的发展中增强自身的优势和竞争能力。

现代企业竞争优势的基础已经超出了单个企业自身的能力和资源范围，它越来越多地来源于企业与产业价值链上、下各环节的系统协同中。从更高的层次上讲，现代企业的竞争已经演绎为企业所加入的产业价值链之间的竞争。所以企业应当在产业层面上建立更高更广的战略视野，以谋求在更新、更广泛的资源和能力基础上构建竞争优势。

自我超越：从"余额宝"到"活期宝"，创新需要"自我革命"

政府对金融管制的放松给金融创新创造了良好的外部环境，各种金融创新产品开始逐步涌现。比如，阿里巴巴旗下的支付宝公司结合天弘基金管理公司于 2013 年 6 月 13 日推出了"余额宝"业务，东方财富网旗下的天天基金网也推出"活期宝"业务。此外还有来自中国银联的互联网金融支付安全联盟、来自杭州恩牛网络技术有限公司的信用卡管家、来自深圳平安金融科技咨询有限公司的万里通，以及宜人贷、微信银行、信融保、小微企业互助基金、众安保险等。

金融创新是金融业摆脱困境的必由之路，但在此过程中，需要金融机构敢于打破既得利益，方能实现金融效率的提升。就"余额宝"和"活期宝"而言，就是一场"自我革命"的创新。

☞"余额宝"业务是支付宝公司的"自我革命"

"余额宝"业务是支付宝公司结合基金管理公司等金融机构为其用户推出的创新型理财产品，支付宝公司借助其"网上直销自助前台系统"进行相关理财产品（包括但不限于保险、基金、股票、债券等）交易资金的划转及在线进行理财产品交易、信息查询等服务。

支付宝公司所推出的"余额宝"业务，是一项敢于对其既得利益进行"自身革命"的改革措施。过去，支付宝公司可将客户备付金所形成的沉淀资金存于商业银行，除需缴纳部分风险准备金外，获取了绝大部分备付金沉淀资金的利息收益。现在，余额宝业务集合众多支付宝用户的小额资金购买"天弘增利宝货币市场基金"，支付宝用户的小额闲置资金获取了较高的货币市场基金的投资收益；而支付宝公司原本可以无偿获得的利息等短期利益受到了一定损失。

余额宝业务对基金管理公司、托管银行、支付宝用户及支付宝公司等各主体的影响各不相同，具体如下：

一是对基金管理公司等金融机构的影响。"余额宝"业务使得基金管理公司有机会扩大所管理货币基金等金融资产的规模，实现了货币基金的 T+0 的赎回和支付功能；未来更多的基金管理公司乃至证券公司、保险公司等金融机构可能会借助支付宝公司的客户网络进行其理财产品的销售，并有可能进一步加大金融产品的创新力度以吸引更多网络客户。

二是对支付宝用户的影响。支付宝用户的小额闲置资金获得了远高于活期存款的投资收益，资金效率得到了提升。余额宝业务改变了支付宝用户乃至国内储户的金融习惯和账户利息意识，未来支付宝用户有可能会通过支付宝来购买其他类型的理财产品。

三是对支付宝公司的影响。支付宝公司将本属其可无偿占用的用户沉淀资金收益通过货币基金收益的形式支付给用户，短期利益会受到一定影响，但其长期增加了支付宝客户的黏性，有利于阿里巴巴集团整体金融发展战略如未来开设网上银行、银行卡等业务的实现，扩大了其在金融创新方面的影响力。

四是对商业银行的影响。商业银行对储户活期存款支付很低的利息，依靠低成本的资金获得较高的息差收益，未来随着国内储户的金融意识的逐渐转变，具有较高收益率的货币市场基金有可能替代大部分活期存款乃至储蓄存款，商业银行的存贷息差将大幅收窄，其活期存款乃至定期存款业务都会受到较大影响。

☞金融创新需要金融机构的"自我革命"方能实现

"活期宝"业务利用其网络客户的闲置资金集合投向货币市场基金产品，使其用户获得高于活期存款账户的投资收益。它是东方财富网旗下天天基金网针对优选货币基金而推出的新型投资工具，可以归集银行卡的闲置资金，并可以实现货币基金的 T+0 赎回，最快 1 秒钟可以到达银行账户。"活期宝"主要支持工行、农行、中行、建行、招行等 14 家银行卡，主要支持投资于南方现金增利货币、华安现金富利货币两款货币市场基金。

"余额宝"和"活期宝"两款业务既有不少共同点，也有不少差异。"余额宝"的实现功能是，货币基金的 T+0 赎回功能，可即时转账到支付宝账户，但提现至银行卡一般需要次日方能实现。余额宝的资金可用于支付宝转账、网上消费等。"活期宝"的实现功能是，货币基金的 T+0 赎回功能，东方财富网垫付结算资金使得其可即时到账至银行卡。活期宝资金到账后可用于转账、支付、消费等各项业务。

虽然"余额宝"、"活期宝"等金融产品仅仅是在货币市场基金的 T+0 赎回和支付功能方面进行了一定创新，但它们对中国未来的金融改革仍有一定的标杆意义。过往商业银行依靠储户低成本的储蓄资金来获得较高息差，获得了中国金融机构绝大部分的利润来源。而"余额宝"和"活期宝"等金融创新业务将会逐渐改变国内储户的金融习惯和提升居民账户的利息意识。虽然短期内这些业务影响十分有限，尚不足以冲击中国商业银行体系庞大的储蓄存款业务，但未来伴随着货币市场基金替代储蓄存款的趋势有可能会对商业银行体系造成较大冲击。

在金融业大创新时代的背景下，金融体制有竞争才有活力和效率。从这点意义上讲，"余额宝"和"活期宝"等业务带来的不仅仅是数十亿元的货币市场基金产品的增量，而是使我们看到金融机构打破既有利益进行"自我革命"的希望，看到了经济转型和金融效率提升的希望。

人性是根本：将自身的目的和对方的利益相结合

俗话说："大河有水小河满，大河无水小河干。"企业的兴衰和每个员工的切身利益息息相关。企业没有人就要停止。人是企业的第一资本，是生产力中最基本、最活跃、最关键的因素；而企业是人们实现利益和价值的载体，任何一种社会生产活动，如果不通过一定的组织形式把人们组织起来，人们就不可能采取有效的共同行动，也就不可能实现预期目的，只有人企统一，形成利益和命运的共同体，才能实现各自的利益、体现各自的价值。

能否将切身利益和企业利益相结合，关键在于企业的人才开发。在企业的人力资源管理实践中，管理者应该从选人用人的实际出发，让企业的自身目的与对方的意愿、切身利益相互结合，结果通常都会是"双赢"的局面，而且也会获得对方的全力配合。

人才开发是企业的擎天柱。许多世界著名企业在这方面做出了榜样。

☞戴尔的"特种部队"

电脑制造商戴尔公司在世界各地分公司都聘用当地的人才做经理，假如需要，现时为他们配备从美国总公司派去的长期驻外经理主管人员。不过，戴尔还有一支"特种部队"，它由专业人员组成，常常从一个市场到另一个市场，帮助那里的经理拓展戴尔在当地的业务。巴迪·格里分就带领着这样一支队伍在世界各地"游荡"。"格里芬小队"先在得克萨斯州的奥斯汀市掌握设计戴尔生产线的要点，然后飞往爱尔兰、马来西亚、中国，根据当地的实际情况，在那里建立戴尔的新生产线。

☞通用公司的不拘一格

连续 3 年名列最受推崇公司榜首的通用电气公司，向来以拥有一支高素质的管理团队而著称。通用电气也因此获得未来首席执行官的"摇篮"的美名。通用电气的总经理杰克·韦尔奇普说："在通用电气工作，你每天都应该感到骄傲。"他强调，通用电气不在意员工来自何方，毕业于哪个学校，出生在哪个国家。通用电气拥有的是知识界的精英人物，年轻人在这里可以获得很多机会，根本不需要论资排辈地等待。通用电气有许多 30 刚出头的经理人。他们中的大部分是在美国以外的国家接受的教育，在提升为高级经理人之前，他们至少在通用电气的两个分公司工作过。在世界各地的通用电气的经理主管人员都接受同样的培训。通用电气还有一些制度，让年轻人所取得的成就在公司内能被其他人所知。

☞沃尔·马特的内部选才

零售业巨子沃尔·马特集团的用人原则由原来"获得、留住、成长"，转变为"留住、成长、获得"。沃尔·马特非常关心新员工在进入公司 90 天内的感受，还不愿意让新员工在沃尔·马特这样的大公司里有失落感。为此公司指派老员工作为新人的"导师"，同时，公司还以 30 天、60 天、90 天为三个阶段，给新人的进步打分。表现出领导潜力的新员工还会被送到总公司培训。这些未来的经理会轮流在沃尔·马特的各个分公司工作，让他们面对更多的挑战，以达到锻炼他们的目的。沃尔·马特的新任主席李·斯克特就是从运输部的经理开始，再调换到后勤部、商品部、销售部，最后担任现在职位。这就是最受推崇的公司所提倡的"经理人在一个单一公司里，却拥有复杂的工作经历"。

☞索尼公司的公开招标

一向以独创技术驰名的日本索尼公司，曾在日新月异、竞争激烈的计算机市场上落后于人，原因就在于没有及早拿出新产品。按常规，让科研部门研制新产品至少需要两年时间，显然不利于市场竞争。于是，索尼公司出人意料地决定，在企业内进行公开招标，结果三位被称为"怪才"的职工中标，尽管不少人反映，他们自尊心太强，点子太多，清高而不合群，但索尼公司却放手让他们"组阁"。课题、经费、时间、设备一切自主决定。结果他们只用极短时间就研制出计算机新产品，性能好、价格廉，占据了大片市场，令同行大为惊讶。

☞福特公司不惜重金买人才

美国福特公司有一台马达坏了，公司所有的工程技术人员都未能修好。只好请来一位叫思垣因曼思的德国工程技术员。他在电机旁听了三天之后要了一架梯子，一会儿爬上去一会儿爬下来，最后在马达的一个部位用粉笔写了几个字："这儿线圈多了16圈。"把这16圈线圈一拿下，电机果然马上运转正常了，福特公司给了他1万美元酬金。福特对他非常欣赏，一定要他到福特公司来。这个德国人说："原来的公司对我很好，我不能见利忘义。"福特说："我把你所在的整个公司都买过来就是了。"为了一个人把整个公司都买下来，可见福特重视人才远远超过重视金钱。

☞萨奇公司千方百计留人才

世界上规模最大的广告集团公司老板萨奇兄弟俩，对所有专业人才进行高额保险，不惜重金吸引并留住人才。公司一位有才华的女设计师詹妮弗·莱恩打算到另一家公司上班，第二天早上发现家门口停着一辆漂亮的小轿车，司机彬彬有礼地递上钥匙和证件，说这是萨奇公司老板关照他特意送来的告别礼物。她被感动了，收下厚礼又回公司上班了。不久因工作业绩出色被提升为副经理。

上述全球最受推崇的公司在经营上都各有各的奇招，但是在对人才的选择上，它们都强调一点：适应能力，也就是将员工的切身利益和企业利益相结合。正是因为这种结合做得恰到好处，才拥有了一批充分发挥才能的人才，从而在日益激烈的竞争中处于领先地位。

气度要恢宏：心量有多大，成就有多大

气度，包括一个人的雅量、容量与气量。企业领导者应该气度恢宏，因为心量有多大，成就便有多大。修养气度的方法，在于胸怀远大理想，具备雄图大略，做到宽广胸襟，只有这样，才能带领企业走向未来。

☞恢宏气度体现为胸怀理想

胸怀的理想是按"大"、"小"划分人群的第一个参数，大人物必定怀有常人不可企及的壮志。"仰高山乃有冲天之志，面歧路乃有行迷之虑。"只有有远大理想的人才能高瞻远瞩，才能养成坚忍的定力，才能在挫折中保持信心并给同仁带来鼓舞，才能忍住三年不鸣。

谈到胸怀理想，无论如何不能忽略史玉柱，他也许是中国企业史上不多见的翻而复起的人物。早年盖巨人大厦失败，被上千篇负面报道围攻；重新出山做保健品，营销手法连续遭到舆论恶评；再次创业做网络游戏，他更被人指责"毒害青少年"，好不容易公司在美国上市，跟着就被投资者告上法院。在这接连不断的跌宕起伏中，史玉柱身上折射出中国企业界所稀缺的那股"劲儿"——不屈不挠。史玉柱的这种精神，恰恰就来自他胸怀的理想。

"永远不怕失败，永远有创业精神，一般人很难做到。"巨人网络的总裁刘伟曾经如此评价史玉柱。

☞恢宏气度体现为雄图大略

承接伟大理想，雄图大略乃是支柱。没有雄图大略断难实现伟大理想。雄图大略是指能够居安思危、未雨绸缪、思定未来，知、思、行三位一体的智慧和能力。

唐山惠达陶瓷（集团）股份有限公司董事长王惠文，是第十一届全国人大代表。惠达陶瓷拥有的成本优势、客户市场优势，绝非一般 MBA 所能理解的流程特质，而是深植于企业结构不可复制的核心优势！从原料、燃料、技术工人、整个供应链、研发都体现着为诉求竞争胜利而形成的持续技术、运营、信誉、资本的结构性积累，这些优势来自王惠文多年的布局。

王惠文对紧缺原料的前瞻储备、对不稳定燃料的投资、对人民币升值压力的提前化解、对战略客户的联盟构建、对规模优势的判断和坚决投入，使这位农民出身的低调企业家带领一家乡镇企业，以绝对的优势终于成为占中国卫浴陶瓷出口 1/4 的霸主。

☞恢宏气度体现为宽广胸襟

成事在天也在人为，有理想有韬略还要有"人和"，因此胸襟乃为必要。成就大事需要各类人才，而让残疾员工享受"无差别"待遇，更能显出一个企业领导者的气度。

台州飞鹰鞋业有限公司董事长李定海在招工时，大门也为身有残疾的务工者打开。因生理缺陷，早过了三十而立之年的赖大嫂，身高不到 1.1 米，她丈夫的个子也不高。当初，赖大嫂夫妻俩跟随老乡从江西来温岭找工作，吃了无数次的闭门羹。那时候，赖大嫂的妹妹是飞鹰鞋业员工，就提议姐姐去自己厂里试试。"反正都已经被拒绝习惯了，大不了再被拒绝一次。"抱着这样的想法，赖大嫂夫妻俩跑到飞鹰鞋业求职。让赖大嫂夫妻意想不到的是，董事长李定海亲自出面接待，在询问了他们的工作要求后，当场就接收了他们，并且给他们安排了相对轻松的岗位。如今，赖大嫂夫妻俩的月收入有两三千元，小日子过得有滋有味。

飞鹰鞋业现有800多名员工，其中"慕名而来"的残疾员工就有30多人，大多是同乡的残疾员工介绍来的。在飞鹰，他们的待遇和普通员工一样。每年开工前，李定海还特意为残疾员工预留了员工宿舍的二楼，方便他们进出。良好的劳资关系，也助推飞鹰鞋业实现了跨越式发展。

明代哲理名著《呻吟语》作者吕新吾说："男儿创建事业，经纬天下，见识要高远，规模要庞大，气度要恢宏。"能够完善见识与规模之人，必然有气度。所以做领导的人要以气度恢宏为第一要义。

中层的魅力：企业的中坚力量

中层领导干部是公司承上启下、承前启后、承点启面的中坚力量，是公司的栋梁。中层领导干部的"中"字说明它在中间，既是领导又是职员，兼有领导者与下属的双重身份。中层管理者除了具有管理职责、岗位职责以外，还起到员工与公司决策者上传下达的作用。如果中层管理者不能发挥其应有的作用，则会对公司的管理和决策的贯彻带来很大的阻碍。

对于领导的重要性，圣人孔子就教导我们："其身正，不令而行；其身不正，虽令不从。"中层领导者作为企业的中坚力量，必须光明磊落，率先垂范，这样才能折服人心，有威望和号召力，体现出中层领导者的魅力。

在联想，有个很特别的规定，开会时如果迟到的话，就自动自觉地罚站，每个人都这样，即使是总裁开会迟到也同样会罚站。这也是柳传志定下来的。

当时这条制度推行后，第一次罚的人就让柳传志非常紧张，原来被罚的人是柳传志的老上级，是柳传志所在计算所科技处的一个老处长。柳传志说："我在宣布他罚站的时候，我手指都有点哆嗦，我说老吴，今天你必须要站一分钟。"后来柳传志也被罚过两三次，有时是不可抗拒的，比如电梯卡在那儿了，急得一头汗，最后去晚了，一样也是罚站。

由此可见，有什么样的老板，就有什么样的员工。一个人格成熟的总裁，手下也必然是一群人格成熟的部属。

要做到"其身正，不令则行"，不是一朝一夕的事，每一个领导者无论是在工作中还是在生活中，都要时时刻刻一如既往地提醒自己以身作则。

☞信守诺言

信守诺言是领导者的生命，因此说话一定要承担责任，说了就要算数，信守诺言。要行必果，善始善终，不能说了不算、定了不办、虎头蛇尾、半途而废。

领导者的信誉既是一种巨大无比的影响力，也是一种无形的财富。领导者如果能赢得下属们的信任，众人自然就会无怨无悔地服从他、跟随他。反之，如果经常言而无信，出尔反尔，表里不一，别人就会怀疑他说的每一句话，所做的每一件事。日本经营者松下幸之助说过："想要使下属相信自己，并非一朝一夕所能做到的。你必须经过一段漫长的时间，兑现所承诺的每一件事，诚心诚意地做事，让人无可挑剔，才能慢慢地培养出信用。"假如你要增进更多的领导魅力，必须努力做好一件事，让你的伙伴称赞你是一位言行如一的人。

☞严于律己

领导自身的问题千万不要想大事化小，小事化无。否则自身不但没有凝聚力，更没有说服力。

"正人必先正己"，"律己方能律人"。企业领导应是努力学习，勤奋工作，遵纪守法，克己奉公的榜样，榜样的力量是无穷的，率先垂范是无声的命令。"心清天自高，寡欲路方平"，严于律己是企业领导者应有的美德，领导者的优秀品德最能感染、激励职工，具有非凡的号召力和影响力。可以断言，一个意志衰退、为所欲为、道德败坏的企业领导根本不能带领职工共同奋斗，是不称职的领导。

☞做好标杆

在带领自己的团队时，一定要时刻牢记，自己不只是领头羊，更是下属的标杆。"喊破嗓子，不如做出样子"。表率作用是一种巨大影响力，它通过领导者榜样般的身教言传，使广大下属自觉地产生敬佩与信赖，从而产生强大的凝聚力、向心力和感召力，进而形成巨大的战斗力。

领导者所做和所说的一切以及各种场合表现出来的形象，都在给员工传达某种信息。领导者的言行通常被员工看成是公司所认可或推崇的行为模式，往往被员工看成是可以仿效的对象和学习的榜样。领导者的每一个动作、每一句话甚至每一个情绪波动都会被员工看在眼里，并对员工的思想和行为产生直接或潜移默化的影响。"榜样是领导的魅力"，领导者的领导力与威信，往往就是由他的榜样作用建立起来的。

因此，作为一名领导者，必须重视自己的榜样作用，处处以高标准严格要求自己，起到好的表率。只有这样，才能带出一支团结的、充满激情的队伍，才能永葆企业蓬勃旺盛的生命力，使企业在当今世界激烈而残酷的竞争中立于不败之地，创下百世之伟业。

总之，作为一位企业中层领导者，应该是一名信守承诺的领导者，一个严于律己的领导者，一名做好标杆的领导者，充分发挥企业中坚的力量，让这种中层魅力使追随者不令而行。

第六章　盘活资本：商场获利和掘金的杠杆

企业的资本分内部资本和外部资本。在新的历史条件下，企业转变观念、提高认识，加强内部资金管理，盘活资金存量，加速资金周转，实现产业资本与金融资本的有机融合，是资本运作能力和获利能力的重要途径，也是商场获利和掘金的杠杆。

传统行业如何运用网络营销拿订单

网络资本运作这个行业不管你接不接受，它都已经存在了，网络资本运作赚不赚钱，你不做永远不会知道，任何事物的存在都有它的道理，网络资本运作也一样。传统行业运用网络营销拿订单，就是一种网络资本运作的初级形式。换句话说，网络资本运作是网络营销的升级版。这也就是说，传统行业进行网络营销，是信息时代的必然。

对于大多数传统行业来说，每年的营销预算有限，电视广告、平面广告等传统广告费用太高，难以承受，运用网络媒体进行营销就成了不错的选择。网络营销优势如表6-1所示：

表 6-1 网络营销的优势及成因

优 势	成因分析
时代需求	21世纪是信息时代、网络信息影响企业命运的时代。从硬件角度讲，中国的电脑普及率和网络普及率已经排名世界第一；从人的角度讲，几年前泡网吧的年轻人都已经走上了工作岗位，他们的一言一行都离不开网络，相当一部分人都进了企业的采购部门，当老板指派他们寻找几个供应商时，他们最先想到的办法就是用电脑在网上选几个排在前面的企业网站就完成任务了
容易入门	在现实生活中，人们能接触到的广告都是些商业巨头操控的；但在网络世界里，特别是在搜索引擎上，中小企业的宣传反而比大型企业来得更广。一方面是这些巨头们不够重视，更重要的是用网络推广企业，门槛很低，几千元就可以做起来，甚至不花钱，靠一些简单的技巧，就能在网络世界里宣传企业和产品
新的模式	网络营销彻底改变了一些企业的销售模式。以前是销售员经过简单培训后就去跑新客户，效率极低。而借助网络营销技术，跑业务就轻松多了，新客户可以通过网站自己找上门来，老板只需要把这些客户分配给业务人员就行了。业务人员只要跟好客户的订单，就能顺利完成销售任务
突破时空	网络营销不受时间和空间的限制。网络让世界变成了地球村，企业可以选择投放广告（如谷歌的竞价广告）在各个国家，可以直接面向客户，从而减少不必要的中间环节，而且时间上也不再是工作日了，而是24小时
一本万利	如果从广告行业视角来看企业网络营销，简直是一本万利的买卖。评价各媒体广告效果的好坏，是看投入1元广告费，能得到多少钱的销售额。许多网站效果相当于投资1元钱的广告费能得到1万元的销售额，这是任何一个广告媒体都无法超越的

那么，传统行业怎样利用网络平台多拿订单多赚钱呢?

☞建好商务网站

一个成功的商务网站应该是营销导向的，策划者应该考虑多方面的因素：

一是明确自己做网站建设的目的。根据自己的产品、销售渠道和销售对象等情况，明确自己的网站是信息服务型、销售型、销售服务型或是综合型，面向企业客户的网站和面向个体消费者的网站是完全不一样的，即使是面向个体消费者的网站，也并非所有都需要销售商品，而且并不是所有产品都适合在网上销售。比如，面向企业客户的网站的重点是其在企业间合作过程中的作用，而不需要像面向消费者的网站那样千方百计去增加浏览率，另如可口可乐、柯达都没有在网上销售产品，网站只是它们树立形象、提供顾客服务的一个工具，是它们整体营销战略的一部分。

二是了解你的目标市场。你的客户是企业还是个体消费者，他们来自何处？他们信息化程度如何，经常上网吗？他们主要使用哪些语言？主要希望了解哪些信息？他们的购买水平如何？主要使用哪种浏览器？当然，最初建网站时不可能了解这么细致，网站内容需要随着对消费者了解的深入而逐步调整。

三是明确自己的竞争优势。你的网上、网下竞争对手是谁？网上竞争对手可以通过搜索引擎查找。与他们相比，你在商品、价格、服务、品牌、配送渠道等方面有什么优势？竞争对手的优势你能否学习？如何根据自己的竞争优势来确定你的营销战略？

四是如何为客户提供信息。你的网站信息来源在哪里？信息是集中到网站编辑处更新、发布还是由各部门自行更新、发布？集中发布可能安全性好，便于管理，但信息更新速度可能较慢，有时还可能出现协调不力的问题。

五是规划好收款与配送事宜。如果你是一个销售型网站，顾客购买你商品的频率如何？你是否能接受货到付款或在线支付（如果购买频率高，最好能接受）？你的商品如何配送？配送的成本、时间如何考虑？

六是评估你的获利能力。你的网站是单独的业务，还是传统业务的一部分？你希望从哪些方面获得利润？你的获利能力如何？如果你在建设网站之前，循着我们的提示将上述各个环节思考清楚，并找出相对准确的答案，你就有了一个非常好的开端，剩下的主要是一些技术性问题，诸如：为你的网站取一个好域名；网站建设技术方案的选择，是自建，还是租用？网站内容、风格与速度；网站推广。

☞建立自己的网络营销团队

怎样才能组成一个好的网络营销团队？

一是团队的领导者要有相对全面的网络营销全局观，不能只懂一点点皮毛。以他的能力和经验要能协调整个团队，最好要有成功的网络营销案例（注意：真实的成功案例，不是他一个人说的，要去调查确认一下原先的团队），不求全才但求相对全面的网络营销知识面，尤其在协调与沟通上绝对是个高手。

二是任何一个网络营销团队都少不了传统的职业岗位：编辑、美工和摄影。一个产品介绍页面实际上就是三者融合后的产物，其质量与水平直接导致最终的结果。编辑即产品页面的文字可能不是公司样本上的写作方法，淘宝店里的产品介绍更可能是淘宝的阅读习惯和表达方式。同时，编辑也是推广文案的写作者，也是推广者本身，需要知道很多的推广方法和技巧。美工直接是产品页面的制作者，可以说是一个淘宝店的装修大师。没有美工高质量高水平的产品页面，几乎不可能让一个店铺或商城成功。摄影建议外包出去，除非是一个大型项目需要自己的专业摄影师。

三是客服，这是最后的"临门一脚"，店铺和商城最后拼的是客服。客服的质量和水平直接体现了团队的理念和文化，某种意义上说客服是团队的对外窗口，客户体验和转化率直接来自客服的沟通和服务。

团队的每一道工序都是创业团队的生死线，因此，一个好的网络营销团队本身就是一个"加里森敢死队"，每一个队员都很重要，都要有一项绝活，才能在团队里有一个位置。

☞更好地利用网络平台

要想更好地利用网络平台进行营销，关键在于掌握在网上拿订单的方法。

　　一是供应信息天天发，找准自己产品的关键词。很多网商都忽视网络商铺的管理和建设，产品信息想起来才发，图片不清晰，说明不详细，关键词不准确，也不关心自己产品信息的排名，那么这种状况拿不到订单，赚不了钱，就只能怪自己了。想成功就要从自身找原因。产品关键词的设置非常重要，关系到自己产品信息的排名，更关系到客户能不能找到你，网商们要下大功夫才行。

　　二是论坛营销讲技巧，不要广告满天飞。论坛是大家交流销售技巧、行业信息、管理方法的地方，不要做赤裸裸的广告，不但效果不好，还让人讨厌。最好的方法就是把自己的经验和大家分享，写成有趣味的软文，既宣传了自己又让大家受益。一定要重视签名档的作用。

　　三是博客营销坚持做，功夫在诗外。很多网商一讲到博客营销就只知道宣传产品，却忘了博客营销要起作用，必须使自己的博客变得有可用的价值，有实用性，有趣味性，让网商有所收获，是博客营销的根本。把你的产品关键词巧妙地镶嵌在你的博文中，让搜索引擎能够收录在前三页，让你的潜在客户读到你的博文找到你的产品。

　　四是资讯渠道要畅通，一篇热点文章就轰动。网站的资讯平台是和论坛、博客齐名的宣传工具，可大多数网商都没有利用。写出高水平的行业文章推荐到资讯能收到事半功倍的效果。当然，资讯的文章质量要求很高，但你能写出行业的最新突破，就能被采用。

　　五是利用求购信息找客户，论坛、博客都不要放过。只要会区分求购信息，抓住行业内的客户就会有大订单。只要留心论坛和博客里的潜在客户和他们交朋友，就会有源源不断的订单。

　　总之，网络技术的发展和应用改变了经济体系中信息的分配和接受方式，改变了人生活、工作、学习、合作和交流的环境，传统企业必须相应地积极利用新技术变革企业经营理念、经营组织、经营方式和经营方法。

资本对接：企业为何要对接资本市场？

2010 年 5 月 13 日发布的鼓励民间投资的《国务院关于鼓励和引导民间投资健康发展的若干意见》（简称"新 36 条"），再次给中国广大的民营经济群体打了一针兴奋剂。同时，从中国经济发展的基本面来看，2008 年的金融危机让金融机构、投资商、企业家们认识到了"资本市场"的风险与力量，风险、谨慎等词语成为最近两年企业家们的口头禅。尤其是 2010 年至今，人民币汇率屡创新高、央行密集性加息、银根紧缩、原材料和人工成本不断推高，这些对外贸依存度偏高、劳动密集型为主的中国民营企业经济体来说，又是一系列的挑战。

面对这种态势，民营企业家们没有其他的选择，必须加倍地抖擞精神，迎接这一轮一轮的挑战，其中资本市场的力量正日益成为民营企业关注的焦点。资本市场原理如图 6-1 所示：

企业之所以要对接资本市场，主要有两个方面的原因：第一，资本市场在企业生命周期的各个阶段发挥着不同的作用；第二，打通融资渠道。此外，通过债权融资，也可以对企业的发展产生重要影响。而对于企业集团而言，资本运营在其发展过程中具有不可忽视的现实意义。

☞资本市场在企业生命周期各个阶段的作用

IPO（首次公开募股）是风险投资最佳的退出渠道。IPO 是指一家企业或公司（股份有限公司）第一次将它的股份向公众出售。首次公开发行，指股份公司首次向社会公众公开招股的发行方式。

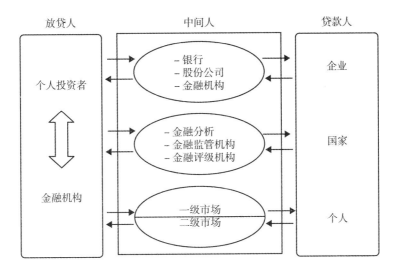

图 6 - 1　资本市场原理

表 6 - 2　资本市场在企业生命周期各阶段的作用

阶　　段	作用分析
初创阶段	可通过创业板 IPO 获得企业成长所需资金
成长阶段	可通过主板市场 IPO 获得巨额运作资金，可实现股东与管理层价值最大化
成熟阶段	上市前可通过发行企业债进行融资，在不稀释股本的同时募集资金用于企业发展
衰退阶段	完成 IPO 上市的公司，可利用重组、并购等资本运作手段，将衰退期转变为又一个成长期

☞打开融资渠道

　　争取首次公开发行股票并成功上市，是解决企业资金问题最好的方法，企业不但可以通过首次发行募集到大量资金，还可以通过再融资得到更多的资金来源。

表 6 - 3　企业上市的作用

作　用	作用分析
提升价值	能上市的企业往往是行业里的佼佼者，知名度的提升带给企业的是无形价值和品牌效益，有助于提高企业的信用等级，降低企业从银行借贷和发债的成本。此外，企业上市后规模扩大，资金较充足，有利于通过资金的良性循环实现资产增值
规范运作	上市公司形成股东授权、董事决策、经理经营、监事监督的权力制衡机制；独立董事也成为把关公司治理结构质量的重要角色，上市对企业独立运营能力和持续生产能力有高标准的要求；规范的治理结构可以提高企业管理水平，降低经营风险
股权流通与增值	企业上市不仅迅速提升了股东的财富价值，也为股东构筑了良好的退出平台；对国企而言，企业上市是国有资产保值增值的有效手段

☞债权融资的优势及对企业发展的意义

一是显著的宣传效用。企业债券是公开发行的债务工具。企业债券在发行期间的推介、公告以及与投资者的其他各种交流可以有效地大幅提升企业的形象。企业债券的成功发行显示了发行人的整体实力。

二是成本低。企业债券是一种直接融资工具，省略了银行贷款的中间环节。对于高等级优质企业而言，企业债券的发行利率比相同期限银行贷款利率低 1.5 ~ 2 个百分点。

三是期限长。企业债券属于中长期融资工具。企业债券的融资期限往往根据拟投资项目的回收期设定。取消银行担保以来企业债券的发行期限以 5 ~ 7 年的中长期品种为主。

四是融资规模大。企业债券的融资规模可以达到发行人净资产的 40%，项目总投资的 60%。

☞资本运营对企业集团发展的现实意义

无数案例表明，资本运营是企业集团发展过程中不可回避的课题，在企业集团的发展壮大中显示出愈加引人瞩目的作用。

一是有利于企业集团调整产业布局。资本运营特有的对社会资源的配置能力，为企业集团在更大范围、更多领域、更高层级实施产业结构调整，构建更加科学合理的产业链条提供了现实途径。

二是有利于提升企业治理水平。企业集团资本运营活动的频繁与管理手段的改进，必然会促进企业从产权结构、公司治理结构到内部运行机制的改善，推动企业集团整体治理水平的提升。

三是有利于企业集团尽快实现国际化发展。资本运营为企业集团在国际范围内拓展经营领域和市场空间创新了方法和途径，为在不同所有制背景下经营企业提供了平台，为企业集团提高跨国经营控制力提供了管理手段。在某种程度上也是企业集团实现国际化发展的捷径。

中国民营企业对接资本市场成败的关键在于，明确企业发展定位，建设一支核心团队，把握资本介入深度，随时做好两手准备。

在经济全球化的今天，传统的债权融资方式已经变得路越来越窄，企业必须上市，对接资本市场，直接把资本力量转化快速发展内生动力，解决当前企业转型的根本思路和出路，否则只能死亡！

一种全新的融资发展方式：股权融资

股权融资通俗地讲，就是指投资者通过给予出资者一定股权的形式来募集资金，投资者对企业利润有要求权，但是所投资金不能收回。股权融资作为一种全新的融资发展方式，是投融资市场上重要的组成部分，正日益发挥着无可替代的重要作用。

股权融资按融资的渠道来划分，主要有两大类，公开市场发售和私募发售。所谓公开市场发售就是通过股票市场向公众投资者发行企业的股票来募集资金，包括我们常说的企业的上市、上市企业的增发和配股都是利用公开市场进行股权融资的具体形式。所谓私募发售，是指企业自行寻找特定的投资人，吸引其通过增资入股企业的融资方式。

因为绝大多数股票市场对于申请发行股票的企业都有一定的条件要求，例如中国对公司上市除了要求连续 3 年盈利之外，还要求企业有 5000 万元的资产规模，因此对大多数中小企业来说，较难跨入上市发行股票的门槛，私募成为民营中小企业进行股权融资的主要方式。

☞私募股权融资的优势

一是私募股权融资为企业提供了稳定的资金来源，而且为企业提供了高附加值的服务。私募股权基金的合伙人都是非常资深的企业家和投资专家，他们的专业知识、管理经验以及广泛的商业网络能够帮助企业成长。私募股权基金投资企业后，成了企业的所有者之一，因此和现有企业所有者的利益是一致的。私募股权基金会尽其所能来帮助企业成长，例如开拓新市场，寻找合适的供货商以及提供专业的管理咨询等。

二是私募股权融资可以降低财务成本。发达国家企业的 CFO（首席财务官）的一个重要职责就是设计最优的企业资本结构，从而降低财务成本。通过股权融资和债权融资的合理搭配，企业不仅可以降低财务风险，而且可以降低融资成本。获得私募股权融资后的企业会有更强的资产负债表，会更加容易获得银行贷款，进而降低贷款成本。

三是私募股权融资可以提高企业内在价值。能够获得顶尖的私募股权基金本身就证明了企业的实力。就与上市达到的效果类似，企业会因此获得知名度和可信度，会更容易赢得客户，也更容易在各种谈判中赢得主动。获得顶尖的私募股权基金投资的企业，通常会更加有效率地运作，可以在较短时间内大幅提升企业的业绩。企业可以通过所融资金扩大生产规模，降低单位生产成本，或者通过兼并收购扩大竞争优势。企业可以利用私募股权融资产生的财务和专业优势，实现快速扩张。

☞私募股权融资的方式

一是公开发行股票。股票上市可以在国内或国外进行，可以在主板市场或创业板市场进行，根据公司的具体情况而定。具体而言，发行股票的优点是：第一，所筹资金具有永久性，无到期日，没有还本压力；第二，一次筹资金额大，用款限制相对较松；第三，能提高企业的知名度，为企业带来良好声誉；第四，有利于帮助企业建立规范的现代企业制度。

二是招商引资。招商引资也是一种股权融资，但不通过公开市场发售，引入外部投资者，是一种私下寻找战略投资者的融资方式。因此其优缺点与发行股票上市类似，但由于不需要公开企业信息以及被他人收购的风险较小等原因，也受到一些企业的欢迎。

三是募集职工内部股。对于大多数企业来说，使员工持股已不仅仅是一种融资渠道，更多地以管理手段表现出来，明确地将员工利益与企业长期利益结合在一起，增强员工对公司的归属感、长远发展的关切度和管理的参与度，形成具有竞争和激励效应的科学的分配制度。由于没有完善的法律法规对员工持股进行规范和约束，直接导致在实际操作中会出现一些问题，例如，新老员工是否应享有不同的分红权；离职员工的股票应该怎样处理等。对企业来说，股权过度分散也不利于长期发展。

目前股权融资主要有以上三种方式，投资企业可以根据自己的实际情况来合理挑选。另外，企业还可以结合之前一些股票融资的成功案例进行综合考量，进而做出更加合理的投融资方案。

资本对接平台建设：如何与
资本市场有效对接？

资本市场不仅仅是身价和财富，更是一种企业成长机制：微软、苹果、CISCO、Oracle、Intel、Amazon、Google 这些高科技企业从地下车库小作坊创业到崛起成为世界级产业巨头，仅仅用了几年、十几年的时间，几乎全部是依靠资本市场而迅速崛起的。

那么，企业要利用资本市场的机制，需要通过什么样的方式实现高速成长？毫无疑问，需要搭建资本对接平台，实现与资本市场的有效对接。

搭建资本对接平台，主要包括企业与基金对接、企业与中介对接、企业与企业对接、基金与中介对接、国内基金与国外基金对接、GP 与 LP 对接、中介与中介对接。

企业与基金对接，可加快项目与资本的匹配效率；企业与中介对接，可选择更优质的专业服务；企业与企业对接，可获取更多的业务合作机会；基金与中介对接，可寻找到高品质的业务伙伴；国内基金与国外基金对接，可促进行业国际经验交流，建立良好的战略合作关系；GP 与 LP 对接，可选择优秀的基金管理人或有实力的有限合伙人；中介与中介对接，可重组成行业领军机构。

搭建上述资本对接平台，企业必须先做好六个方面的功课，否则上市效率会受到影响。

☞要把创业创新这件事做好

就创业板而言，审核部门非常关注企业的市场占有率、行业地位。相比中小板可能允许少部分的多元化，创业板要求企业一定要突出主营业务，要把创业创新这件事做好，因为市场占有率对企业成长起的作用和贡献就是至关重要的。这样一来，资本市场才会把社会资源配置给你，让你获得更好的发展，并借助上市运用资本运作的方式去整合所处的细分行业，促使整个行业的盈利水平、成长水平得到进一步提高。企业切忌简单拼凑市场销售额、利润、营业额等数据指标申请 IPO，这是不符合要求的。

☞充分披露准确信息

一定要通过信息披露，让监管部门相信主营业务的盈利前景广阔、光明。创业板发审委的专家会从专业的角度评判企业生产的产品或盈利前景是否具备成长的空间。如果身处的行业市场开始萎缩，要趁早利用现有团队或技术去寻找新的盈利增长点，要提防科技含量很高也孕育着很快被替代的风险。

☞企业要具备风险控制能力

监管部门要求，企业至少要有 3 年的存续期，而企业做到一定规模之后面临的风险更大。因此，企业做到一定规模之后，不是比技术如何，而是比怎样少犯错误，比控制风险的能力。一个大企业的小失误造成的损失，跟一个小企业是完全不一样的。这就看企业的公司治理结构能不能形成一种机制，帮助其从制度上控制风险。尤其是中小企业谋求上市时，一定要把治理结构、风险控制体系清晰地披露给监管部门，让监管部门认定你有这套体系来防范风险，这样监管机构才可以放心地把投资者的钱交给你使用。

☞要注意内控制度的合理性、完善性和有效性

内控制度跟风险控制相关。成为股份制公司以后，企业的董事会、监事会、高管层必须合理、有效、完整。监管部门对第一批创业板企业要求很严，不完整的都要作补充披露，包括独董能否在企业中发挥有效的制衡作用。企

业上市就必须要做扎扎实实的工作，按照符合完善内控及风控体系等上市的要求来做，即使没能上市，也会提升企业的核心竞争力。

☞执行新会计政策的情况

随着与世界经济的结合越来越紧密，中国企业的很多业务不仅参与国内竞争，更多还参与国际竞争，因此必须执行最新的会计政策。财务管理是一门科学，必须确保企业跟资本市场接轨，一大批资金进来的时候，财务人员能够有很高的水准来驾驭，这样投资人才放心。这对企业的财务人员要求非常高，建议想上市创业板的公司从现在起就要配备高水准的财务人员。

☞企业的创新能力和成长性问题

创业板是创新之板、成长之板，企业要把自己的创新能力和实现成长的手段，向监管部门和投资者进行充分地披露和揭示。企业不能狭隘地去理解创新，因为技术创新仅是其中一种——研发费用占比达到5%的，可认定为具有成长性；除此以外还有管理创新、模式创新等。第一批挂牌的有传统产业的企业，它为何会有那么高的毛利率？如果没有其独到的地方，监管机构是不会给它发通行证的。所以，即使从事传统行业也有可能进行创新。

值得强调的是，企业一旦上市未必就意味着成功，创新的使命并没有完成，因此创新是企业的永恒主题。创新有两个要素需把握：一是自觉创新，创新的内涵很丰富，不要只想到花钱去开发一个什么新的东西，不花钱也可以创新，只要肯动脑筋，自觉形成创新意识，提升效率的创新才是真正的创新，不能仅仅是被动地创新。二是自主创新，通过财力进行自主创新，有很多企业没上市的时候借助外脑创新，上市之后潜在矛盾一定会爆发，因此只有坚持真正的自主创新，才能避免这个矛盾。做到了这些，企业离资本市场将会越来越近。

寻求风投：做最受投资公司追捧的企业

很多企业不理解：自己的企业这么好，这个产品或者项目在未来一段时间内会变得更有价值，但风险投资公司也听了、也看了，怎么都没有反应呢？其实，企业想获得风险投资，那就必须了解风险投资公司看重企业的哪些素质。

对一个很成熟、巨大的市场，风投公司未必投。特别小的，风投公司也不会投。风投公司愿意投的是在开始的时候是一个高速发展的市场，可能开始做的时候市场还不是很大，但是在飞速发展。因此，企业要想受到风险投资公司的追捧，需要从以下几个方面努力：

☞分析风投不找你的原因

有很多企业主动去找风投，风投确实不感兴趣，但同时风投们却整天和别的企业主在谈，希望对方能够接受风投的钱，这里面有一个角度的问题。在这当中，有个因素是企业比较看重的，那就是管理团队，即所谓人的因素。

在一些新兴行业、消费者行业、IT 或者是技术的行业等一些经济领域，这些团队基本上决定了 80% 的成功率。一些成立时间非常短的公司，在行业里面也有非常好的经验，在三五年创造了很多奇迹，是很多企业家努力二三十年都没有办法达到的。有很多成功的中小企业融资，企业规模很小也不挣什么钱，团队的背景非常漂亮，拿到上亿美元的投资，三五年就真的成了行业的领袖。往往是核心团队的能力，人的得分非常高，这个是可遇不可求的。

相比之下，在传统行业，企业家的风格相对会保守稳健，传统行业本身的发展规律也是一个稳健的过程，这个过程有一些硬性的规律，很难快速地超越。这就决定了风投公司要以比较务实的角度去看待传统行业，把传统行业去跟同行比。

比如风投公司看农业，这个行业从业人员的素质和商业成熟度相对比较弱，但是只要你在这个行业里面是最好的企业，那么得到风投青睐的机会就更多。

☞明确你除了钱之外的所需

公司希望风投公司投入钱以外，还希望带给你很多价值，即所谓的增值服务。从这个角度来说，风投公司是企业的一面镜子。

风投公司认为：你的公司在我这里拿钱，我这个钱是用来建立我们跟你的中长期战略合作关系，我们的关系变成利益共同体。我一旦进入你的企业之后，最快退出也需要三年，慢的需要五六年，在这段时间内，我们必须跟你共同把企业做得很健康，把价值释放出来，这样我们才能获得好的收益。

有一些风投公司是看你明年能上市，最晚后年能上市，它进来赚一点快钱，这种情况对你的帮助就有限了。这个选择取决于企业要什么，企业先想清楚自己选择风投公司，除了钱以外最需要什么，然后回头去考察风投公司，就像风投公司考察自己一样。

☞检验你的商业模式

企业过去的成功，只能说明选对了商业的时机赚到了钱，但这不能代表企业未来还有一个更好的发展，很可能现在的模式会成为未来你失败的原因。所以在与风投公司探讨的过程中，要总结积累下来的商业模式，并找出哪些是特定商业周期里可复制的、可持续的东西。

过去的商业模式是你的公司生意做得好，但没有很好地利用的商业模式，这个特别是需要总结，特别是传统行业。根据过去商业模式存在的短板，重新进行定位，制定一个未来的发展战略或者是规划，这在上市之前是必要的。

如果你有多元的业务，有的业务长远来讲没有什么发展前途，但是从现实的角度来看，却对企业有支持，那么就需要你制定管理资源的规划。资源管理都是有限度的，到底如何去分配管理、资金等资源，逐步加重投放到你未来重点发展的业务上，这就是不同业务之间的管理模式。

很多企业家会发现跟风投公司接触太晚了，因为过去不懂，没有尽早把公司结构理清，等到快要上市了，这时候的代价就非常昂贵。

☞展示你有"秘密武器"

如果企业想获得持续的高水平的成长，那一定有自己的"秘密武器"，这个武器往往会体现在技术上。虽然中国公司大多数只是一些技术应用的开发，这很容易遭遇模仿和抄袭，但如果你能结合你的产品和渠道模式，将其巧妙组合在一起，再加上特定的行业在特定的阶段，往往就保住了机遇，再通过三五年的发展和固化来强化自己的竞争力，那么你的对手也很难将你打败！竞争力是企业吸引风投的重要因素。

竞争力体现在解决产业链中存在的问题上，有的是技术问题，有的是客户服务方式的问题。如果你把这个问题很好地解决，往往也能获得机会。比如过去有些行业是被国有企业所控制的资源，效率低，产业价值链存在服务的缺失，后来民营企业在这一块成为主流的力量，这样的机会在未来仍然存在。

总之，风投公司看重的是这个企业的产品或项目能够赚钱，而且这个企业一定要能长大，有持续发展的能力。企业只要分析内在原因、明确所需、确定可持续的商业模式、提升竞争力，就一定能够成为风投追捧的企业！

众筹：传统融资模式的颠覆与创新

从 2014 年开始，"众筹"一词就迅速进入了大家的视线。尤其是阿里推出余额宝之后，更将众筹的发展推向了一个空前的高度。不得不承认的是，众筹这种新型的创业融资方式正在改变中小企业创业时的融资模式。

☞什么是众筹融资

众筹，翻译自国外 Crowdfunding 一词，即大众筹资或群众筹资。是指用"团购 + 预购"的形式，向网友募集项目资金的模式。众筹利用互联网和 SNS 传播的特性，让小企业、艺术家或个人对公众展示他们的创意，争取大家的关注和支持，进而获得所需要的资金援助。

相对于传统的融资方式，众筹更为开放，能否获得资金也不再是由项目的商业价值作为唯一标准。只要是网友喜欢的项目，都可以通过众筹方式获得项目启动的第一笔资金，为更多小本经营或创作的人提供了无限的可能。

☞众筹的颠覆性与创新性

众筹是对传统融资模式的颠覆与创新，其特征如表 6 - 4 所示：

表 6 - 4　众筹特征及说明

特　征	说　明
低门槛	无论身份、地位、职业、年龄、性别，只要有想法有创造能力都可以发起项目
多样性	众筹的方向具有多样性，在国内的众筹网站上的项目类别包括设计、科技、音乐、影视、食品、漫画、出版、游戏、摄影等

特　征	说　明
集众力	众筹依靠大众力量，支持者通常是普通的草根民众，而非公司、企业或是风险投资人
重创意	发起人必须先将自己的创意（设计图、成品、策划等）达到可展示的程度，才能通过平台的审核，而不单单是一个概念或者一个点子

对于项目的支持者而言，众筹模式是对闲置资金的有效利用。就每个单独的个体来讲，闲置资金的数额较小，资金持有者也大都不具备职业投资能力，很难进行大规模的投资活动；但是每个单独个体的小额资金汇聚起来所形成的庞大的资金能够部分以众筹的方式有效地参与到经济活动中来，不仅可以帮助有创造力的人去实现梦想，而且最终每个人的小额资金也都创造了价值、增加了财富。

对于项目发起者而言，相对于其他融资渠道，众筹模式凸显以下三个方面的优势：实现低门槛创业、预知市场需求以及同步进行廉价的市场推广。

众筹的颠覆性与创新性体现在很多方面，比如，2014 年初，酷六创始人李善友开启了一场用众筹改变商学院和创业教育的实验。他的招生计划中明确要求，10 名学员的学费，必须一半自筹、一半众筹。泡否科技马佳佳、《逻辑思维》出品人申音等报名学员通过各种社交媒体，阐述众筹理由，而众筹的参与者，将获得学员面授交流的机会。这场众筹游戏，让其他几家国内一线商学院感受到了压力：中欧在社交媒体上的曝光在短时间内急剧放大，中欧的课程也从墙内走向了墙外，获得了更广泛的认知。

再如，乐视用众筹改变了明星代言形式。乐视网发起了一个众筹 C 罗代言的项目，让粉丝花钱来决定乐视网是否签约 C 罗为世界杯期间代言人，这可能是国内第一次用众筹方式邀请明星。这次众筹的开创意义或许大过效果，不过这个模式若被更多地使用和改进，明星代言或许有了更广的想象力。乐视肯定是先和 C 罗沟通过，已基本达成协议才开始此次众筹。但乐视通过这件事情使得更多草根用户和 C 罗、世界杯产生关联，球迷通过支持一个企业的众筹项目来表达自己对 C 罗的支持，更有一定概率享受到巴西见 C 罗的福利，虽然概率不大，但毕竟是给了大家希望，关键是能体会到和明星有所交互的参与感，这是收看球赛或者购买球星周边产品所替代不了的。

乐视的众筹是社交媒体的玩法，与用户交流来将代言人和品牌深度结合，通过这种方式也完成了球迷对品牌的情感认同和价值观认同。以前代言都是厂商在和明星互动，然后简单来告知用户。社交媒体时代真正有价值的代言是明星、厂商和粉丝一起参与，三个环节缺一不可。

☞众筹融资的参与者构成

一是项目发起人（筹资人）。项目是具有明确目标的、可以完成的且具有具体完成时间的非公益活动，如制作专辑、出版图书或生产某种电子产品。项目不以股权、债券、分红、利息等资金形式作为回报。项目发起人必须具备一定的条件（如国籍、年龄、银行账户、资质和学历等），拥有对项目100%的自主权，不受控制，完全自主。项目发起人要与中介机构（众筹平台）签订合约，明确双方的权利和义务。

项目发起人通常是需要解决资金问题的创意者或中小企业的创业者，但也有个别企业为了加强用户的交流和体验，在实现筹资目标的同时，强化众筹模式的市场调研、产品预售和宣传推广等延伸功能，以项目发起人的身份号召公众（潜在用户）介入产品的研发、试制和推广，以期获得更好的市场响应。

二是公众（出资人）。这一类往往是数量庞大的互联网用户，他们利用在线支付方式对自己感兴趣的创意项目进行小额投资，每个出资人都成了"天使投资人"。公众所投资的项目成功实现后，对于出资人的回报不是资金回报，而可能是一个产品样品，例如一块 Pebble 手表，也可能是一场演唱会的门票或是一张唱片。

出资人资助创意者的过程就是其消费资金前移的过程，这既提高了生产和销售等环节的效率，生产出原本依靠传统投融资模式而无法推出的新产品，也满足了出资人作为用户的小众化、细致化和个性化消费需求。

三是中介机构（众筹平台）。中介机构是众筹平台的搭建者，又是项目发起人的监督者和辅导者，还是出资人的利益维护者。上述多重身份的特征决定了中介机构（众筹平台）的功能复杂、责任重大。

首先，众筹平台要拥有网络技术支持，根据相关法律法规，采用虚拟运作的方式，将项目发起人的创意和融资需求信息发布在虚拟空间里，实施这一步骤的前提是在项目上线之前进行细致的实名审核，并且确保项目内容完整、可执行和有价值，确定没有违反项目准则和要求。其次，在项目筹资成功后要监督、辅导和把控项目的顺利展开。最后，当项目无法执行时，众筹平台有责任和义务督促项目发起人退款给出资人。

总之，众筹融资为中小企业发展提供了一个新的融资渠道，虽然现阶段国内中小企业融资还很少涉及这一领域，但是在不久的将来，中小企业家了解这种融资方式之后，可以尝试使用众筹融资来为企业补充发展所需的资金。

第七章　整合：预见未来的
商业新动向

　　整合就是要优化资源配置，就是要有进有退、有取有舍，从而获得整体的资源优势。整合资源首先要从整体上了解商业运作，然后整合行业多元化资源，整合客户资源，整合信息资源，整合渠道资源。通过整合资源，不仅能使企业获得转型和发展，还可以预见未来的商业新动向。

资源整合：从整体上理解商业运作

　　现在，中国的企业特别是中小企业，已由过去的创业时代变成整合时代。创造资源很难，整合资源很容易；创造资源很慢，整合资源很快，因此资源整合是企业发展的一条捷径，是现代企业经营中的重磅武器。

　　资源整合首先应该从整体上理解商业运作。商业运作构成的基本要素是：现金流、利润率、存货周转率、净资产收益率和增长率。只有理解这些要素的真实含义，并且把它们结合起来，才能从整体上把握商业运作，才能对企业有一个准确的定位，并据此进行有效的资源整合。

表 7-1　商业运作构成的基本要素的概念及含义

概　念	含　义
现金流	是指企业在一定会计期间按照现金收付实现制，通过一定经济活动而产生的现金流入、流出及其总量情况的总称，即企业一定时期的现金和现金等价物的流入和流出的数量
利润率	是剩余价值与全部预付资本的比率，利润率是剩余价值率的转化形式，是同一剩余价值量用不同的方法计算出来的另一种比率。利润率指标既可考核企业利润计划的完成情况，又可比较各企业之间和不同时期的经营管理水平，提高经济效益
存货周转率	是企业一定时期销货成本与平均存货余额的比率。用于反映存货的周转速度，即存货的流动性及存货资金占用量是否合理，促使企业在保证生产经营连续性的同时，提高资金的使用效率，增强企业的短期偿债能力
净资产收益率	又称股东权益收益率，是净利润与平均股东权益的百分比，是公司税后利润除以净资产得到的百分比率，该指标反映股东权益的收益水平，用以衡量公司运用自有资本的效率。指标值越高，说明投资带来的收益越高
净资产增长率	是指企业本期净资产增加额与上期净资产总额的比率。净资产增长率反映了企业资本规模的扩张速度，是衡量企业总量规模变动和成长状况的重要指标

☞理解现金流

企业要整合资源，必须全面准确地理解现金流。通过编制现金流量表可以全面综合反映企业现金流量的情况，该表由经营活动产生的现金流量、投资活动产生的现金流量和筹资活动产生的现金流量三部分构成。分析现金流量及其结构，可以了解企业现金的来龙去脉和现金收支构成，评价企业经营状况、创现能力、筹资能力和资金实力。

一是经营活动产生的现金流量分析。首先，将销售商品、提供劳务收到的现金与购进商品、接受劳务付出的现金进行比较。在企业经营正常、购销平衡的情况下，二者比较是有意义的。比率大，说明企业的销售利润大，销售回款良好，创现能力强。其次，将销售商品、提供劳务收到的现金与经营活动流入的现金总额比较，可大致说明企业产品销售现款占经营活动流入的现金的比重有多大。比重大，说明企业主营业务突出，营销状况良好。最后，将本期经营活动现金净流量与上期比较，增长率越高，说明企业成长性越好。

二是投资活动产生的现金流量分析。当企业扩大规模或开发新的利润增长点时，需要大量的现金投入，投资活动产生的现金流入量补偿不了流出量，投资活动现金净流量为负数，但如果企业投资有效，将会在未来产生现金净流入用于偿还债务，创造收益，企业不会有偿债困难。因此，分析投资活动现金流量，应结合企业目前的投资项目进行，不能简单地以现金净流入或是净流出来论优劣。

三是筹资活动产生的现金流量分析。一般来说，筹资活动产生的现金净流量越大，企业面临的偿债压力也越大，但如果现金净流入量主要来自于企业吸收的权益性资本，则不仅不会面临偿债压力，资金实力反而增强。因此，在分析时，可将吸收权益性资本收到的现金与筹资活动现金总流入比较，所占比重大，说明企业资金实力增强，财务风险降低。

企业现金流量表应说明企业能否从正常经营中获取足够的现金以维持其生存，或是否陷入了困境。在崇尚"现金为王"的时代，企业必须更加重视这个报表。企业为了密切配合整合重组，应该高度重视经营现金流资源整合方面的工作，该投入的还要投入，而且还必须做好。现金流是企业生存和发展的血液。

☞理解利润率

资源整合的基本元素是：人、财、物。整合的基本单元是业务运行的整体独立与高效。所以，应该以业务为核心，把人、财、物整合到业务单元中，实现优化人员结构，高效精力流程，提高财与物的周转与利用率，实现企业整体利润率的提高，充分地调动人、财、物的使用与增值率。

企业利润率有以下主要形式：

一是销售利润率。一定时期的销售利润总额与销售收入总额的比率。它表明单位销售收入获得的利润，反映销售收入和利润的关系。

二是成本利润率。一定时期的销售利润总额与销售成本总额之比。它表明单位销售成本获得的利润，反映成本与利润的关系。

三是产值利润率。一定时期的销售利润总额与总产值之比，它表明单位产值获得的利润，反映产值与利润的关系。

四是资金利润率。一定时期的销售利润总额与资金平均占用额的比率。它表明单位资金获得的销售利润，反映企业资金的利用效果。

五是净利润率。一定时期的净利润（税后利润）与销售净额的比率。它表明单位销售收入获得税后利润的能力，反映销售收入与净利润的关系。

☞理解存货周转率

理解存货周转率，目的是强化供应商管理与整合，改进供货方式，提高服务水平，降低库存存货。

企业的存货种类越多，客户选择范围越大；企业存货数量越多，越能快速满足客户交货需要。存货水平太低，不利于扩大销售；存货水平太高，就会占用大量资本，增加投资，而且如果市场价格下跌还会出现跌价损失。因此，企业必须根据市场销售情况，不断调整，保持合理的存货水平。分析企业存货周转率时，应与同行业相似公司进行比较。

☞理解净资产收益率

净资产收益率下降的风险，要求企业在资源整合时必须理解净资产收益率。在企业经营中，净资产收益率较高代表了较强的生命力。如果在较高净资产收益率的情况下，又保持较高的净资产增长率，则表示企业未来发展更加强劲。

理解净资产收益率一般可以从以下六个方面进行考察：

一是行业较长期间内的平均净资产收益率。

二是企业的过往净资产收益率的最高最低及平均值。

三是企业的净利润增长率。

四是企业的融资杠杆和财务安排的稳健度。

五是企业的分红派息率的高低。

六是你要求的投资复合收益率。

☞理解净资产增长率

理解净资产增长率的目的是为了增强整合绩效。净资产增长速度是非常重要的，可以相当程度地说明一个企业的财务实力。

资产负债表是企业的底线。资产减去负债，剩下的净资产，是企业内在价值的核心。如果一个企业的净资产增长率水平很低，并且依赖大量的股权融资，则这类企业的长期投资收益率水平很难维系，除了依赖市场投机泡沫，别无他法。

对于上述各项指标的理解，会涉及很多相关的公式。必须注意的是，任何一个公式在计算之后都需要验证，对数据需要进行分析，计算时也要仔细认真。获得精准的数据，才能理解企业商业运作的真实情况，以利于下一步工作的展开。

专一整合：立足专一，多元化整合行业资源

行业资源整合是企业的一种战略行为，是基于明确的发展愿景，为实现战略目标而采取的战略行动。总体来讲，适于进行整合的行业，一般具有市场容量大、规模经济效应或者范围经济效应明显、具备行业共性技术，并且商业运作模式同质化程度高的特点。当然，在整合之前，行业集中度越小，

通过整合带来的效益就可能越大。

☞行业整合的专业化与多元化

进行行业整合的目的有两种：专业化经营与多元化经营。我们无法简单地评论专业化与多元化的优劣，专业化与多元化应该是相对而言的。

企业经营专业化还是多元化，是企业发展过程中首要考虑的战略问题。但企业在做出专业化还是多元化的战略选择之前，首先要回答企业为什么要专业化，为什么要多元化的战略依据问题。简单地说，专业化的根本目的在于规模经济、规模效益；多元化的根本动因在于寻求新的经济增长点，降低企业经营风险，扩大企业总体规模。

原则上，应该立足专一，多元化整合行业资源。这就是说，在多元化发展的同时，注重在企业每个业务领域的精耕细作即专一化发展是关键，这就要求企业能够将专一化发展与多样化发展进行很好的统一。

诺基亚于19世纪中期起步于木材纸浆加工厂，19世纪末进入橡胶和电缆领域，20世纪初涉足发电领域。1967~1991年，诺基亚在所有业务领域开展国际化经营，截至1991年年底，诺基亚在10个不同行业、108个领域拥有34个子公司，采取的是高度跨行业多元化经营战略。

1992年，在诺基亚面临全面亏损的情况下，公司董事会决定聘请银行家出身的奥利拉为公司总裁。奥利拉上任后立即放弃实施多年的多元化战略，大幅度调整业务结构，缩小经营范围，放弃非核心业务，剥离了造纸、轮胎、电缆、家用电器（欧洲第三）等业务，出售了71家企业，最后仅剩了移动电话和网络两个集团。

在回归专业化战略实施的6年中，诺基亚增长速度一直保持在50%左右，成为世界最大的移动通信制造商，其产品覆盖了欧洲、北美洲和亚太地区市场。截至2003年12月底，诺基亚在全球手机市场份额已达39%（全球2003年手机销量为4.6亿部），其中CDMA手机市场份额约为15%，在中国已成为 GSM 手机市场的领导者。

诺基亚公司多元化回归专业化的战略转型实质，就是诺基亚公司把专业化与多元化相结合，建立了自己的手机市场核心竞争力，并进一步发展和培养这一核心竞争力。

☞确立行业整合的行动方向

资源整合是企业的一种战略行为，是基于明确的发展愿景，为实现战略目标而采取的战略行动。就行业内部资源整合来讲，企业基于价值链的某个或某几个环节，存在两种行动方向，一种是纵向整合；另一种是横向整合。当然，也有被人称为混合整合的行动方向。

纵向整合就是行业价值链的原材料、成品、销售通道资源的整合，也就是经常说的上下游一体化模式。这种纵向整合，又可以细分为两种模式，一种是向上整合，由分销向制造的拓展；另一种是向下整合，也就是由制造拓展到分销。

企业采取纵向模式的动机，在于压缩中间成本，同时获取垄断利润。在高度专业化的今天，这种模式已经越来越少了。一方面，是迫于政府反垄断的压力；另一方面，中间成本的节约已经不足以弥补战线过长带来的企业内部协调成本的增加。所以，这种纵向的整合，一般是在有限的几个价值链环节上的整合，完全的"打通价值链"的战略是缺乏实操性的。

横向整合，就是基于围绕行业价值链的某个环节做强做大。在社会分工日益加剧的当今社会，横向整合的案例层出不穷，这也就是商业模式创新的价值所在。横向模式也可以分为两种，一种是高度专业化的横向整合；另一种是搭建一种技术或者物理的平台，为客户提供一揽子服务，这种模式多发生在生产者和消费者之间的价值环节。这样，为降低生产者和消费者之间的交易成本，尤其是搜寻成本，横向整合者便具有了存在的理由。

某科学研究院在北京地区进行行业资源整合时，充分发挥行业优势，挖掘和整合全院行业资源，通过行业服务资源的整合，逐步形成行业服务的统一平台，实现行业服务资源的有效配置和优势互补，最终形成规模化服务体系。

该院行业服务的整合分为两个阶段：第一阶段，自动化所和机电所的行业服务资源伴随各所的产业一起进入机科股份公司中；第二阶段，新机科股份的行业服务资源，根据它们和产业的契合程度和发展状况进行。此外，该院通过制定行业服务业务和产业体系对接的利益分配机制，并逐步过渡到行业服务统一平台和产业体系进行对接，实现了行业服务和产业公司的业务互动和协调发展。与此同时，该院还通过内部组织结构调整，优化组合，实现了统一管理和资源的合理配置。

☞资本运作是行业整合的通用工具

行业整合得以成功的载体，一般是技术、品牌、市场、资金。但无论是基于哪种载体的整合，资本运作是通用的手段。按照资本纽带的牢固程度，可以将行业整合的手段，简单地划分为并购、吸收合并、合资直至带有企业间信贷性质的战略联盟。

2011 年，华润雪花以 2.7 亿元人民币，收购茅台啤酒 70% 的股权。在华润雪花经营的全国 70 多家啤酒工厂中，这仅仅是华润雪花资本运作道路中的一步小棋。成立于 1994 年的华润雪花啤酒公司，在 2011 年已经占有全国啤酒市场 21% 的份额。借力资本运作，是华润雪花迅速成长的主要原因。

2008 年初，联想集团将其手机业务以 1 亿美元价格出售给 Jade Ahead、小象创投、Ample Growth 鸿长企业及 Super Pioneer 等机构，与此同时，联想移动的公司名称、商标、专利等在协议授权的范围内保持不变。联想移动此次变卖，事实上只是将暂时陷入困境的手机业务，通过资本运作的手段拆分独立运营（交由联想控股旗下公司打理），而更为深远的用意，在于为 PC 行业的联想集团甩掉包袱。对于这种看法，联想集团给予的答复是：出售手机业务是为了更加专注 PC 业务。

在产业资本与金融资本的关系中，产业资本是基础，金融资本是必要条件。成功进行行业整合的企业，不管凭借的是核心技术、品牌、资本还是管理能力，也不管是华润还是联想，其最终驱动力还是资本。如果产业资本发展到一定程度，不和金融资本结合起来，那么产业资本也是做不大的。目前国内大多数龙头企业的发展史给我们演绎的正是一个产业资本借助金融资本发展壮大的故事。

☞行业整合后如何实施有效的管理

整合的目的在于提高资源综合利用效率。如何将两个或多个具有不同文化、不同技术基础、不同组织架构和管理体制的企业，按照共同的战略愿景和目标一致行事，是行业整合成功与否的关键。

在整合战略中，文化整合占据最核心的地位。如海尔集团兼并的重要法宝就是注重海尔文化模式，以无形资产盘活有形资产，救活亏损企业。再如原青岛红星电器厂在被兼并前资产负债率高达 143.65%，海尔兼并青岛红星电器厂后，首先派去的不是技术、财务人员而是海尔企业文化中心的人员。他们将海尔集团的一整套企业文化输入到被兼并的企业中去，由于文化理念和文化模式的改组，原红星电器厂发生了显著的变化，创造了举世瞩目的海尔激活"休克鱼"奇迹。

其次，人力资源也是实现整合战略的关键所在。随着科学技术的发展和公司规模的壮大，技术人员、管理人员在公司中的地位越来越重要，众多公司为了挽留优秀人才，纷纷提出了诱人的股权激励计划。但是，在公司被购并之后，若上述计划发生不利变化，就极易造成人才流失。在我国，由于被购并的企业多半是国有企业，如何通过人员整合实现购并后公司的增值，则是实现整合战略需要认真思考的问题。

另外，在每一次的整合活动中，公司规模和组织结构对实施整合战略具有巨大的影响。由于规模不同而造成的管理风格的巨大差异，将会对两者之间的购并活动产生显著的影响。如果在这些公司之间发生购并行为，必将造成组织结构之间的冲突和震荡。

整合客户资源：借势大客户，推动销售进展

现在的企业营销已经上升到一条价值链的竞争了，不再只是一个点的竞争，而是一条链的竞争，这就是整合资源做营销的诞生。通过整合资源，形成一条产业价值链，用一条产业价值链的协同，和对手去竞争。值此，企业首先就是资源整合者，特别注意整合客户资源。企业的决策层应坚定不移地确立"以市场为先导，以客户为中心"的经营理念，整合客户资源，尤其是借势大客户，为企业良性发展创造必要条件。

在"业绩为王"的时代，通过整合大客户资源，可以形成内外连通，纵横互动，推动销售进展。这里的大客户不是消费额度大的个人客户，而是大额消费的组织客户，如采购商、渠道商、集团客户等。

对企业来说，大客户的贡献率甚至超过总利润的50%，在某些行业里，这一比例会更高。因此，整合大客户资源成了企业利润的主要保障与突破口。大客户资源整合主要体现在大客户资源开发上，下面是非常具有操作性的大客户开发方法。

☞充足的客户拜访准备

现在很多业务员一旦发现目标客户，马上就抄起电话联系或转头就带上资料登门拜访，这样很可能因为准备不充分而被客户拒绝，浪费了宝贵的客户资源。

正确的做法是：在给客户打第一个电话前或登门拜访前，尽可能多地了解大客户的各种信息，尤其是他们的需求信息。还要想好对方可能提出的问题、可能发生争议的焦点、让步的底线等。准备得越充分，成功的概率就越高。

另外，建议接洽陌生客户前，先通过电话等渠道来摸底、初步沟通，这样可以大大提高工作效率。

☞成为你所销售产品的专家

大客户不同于一般顾客，其专业性要求很高。因此，业务人员对所推销的产品是否够了解、是否够专业、是否能给客户以信心，就成了成交的关键因素。

任何人都很容易接受某一方面专家的建议，对专业人士的话也更容易相信。所以，做一个你所销售产品的专家，对促成业务非常有帮助。反之，连你自己都不了解自己的产品，客户不会放心购买。

☞为客户创造价值

为客户提供大的价值是业务人员很难做到的，这要靠企业组织来完成，而这一点也正是一个企业长久生存与发展的关键所在。

事实上，业务人员能做的，只是日常与大客户共享一些对其有价值的行业动态信息、销售数据、营销建议等。

☞关注竞争对手

与大客户合作的关键是能够更好地满足他们的需求，在这方面，对于竞争对手的关注就很重要。因此，我们开发大客户资源时，在了解大客户情况的同时，也要全面了解竞争对手的情况，包括他们的实力、可以为大客户提供什么价值，他们的底线是什么、弱点是什么、强项是什么等。我们了解得越清楚，战胜他们的把握就越大，即所谓"知己知彼，百战不殆"。

当我们把竞争对手的相关数据、大客户的相关数据及自身的数据摆在一起进行比对分析，攻取大客户的战术自然就浮出水面了。

☞组织系统支持

在很多情况下，开发大客户基本是由一个专人来盯，但一个人面对组织型大客户的那种全面、专业的需求，往往显得能力不足。此时可以设立一个大客户开发支持中心，以企业决策层领导与销售经理牵头，由专职大客户开发人员与销售部、策划部员工组成。业务人员在这个过程中遇到任何问题，可以随时向"智囊团"求救，及时化解困难，提高成功率。

支持中心应设有数据库，包括成功案例、成功技巧、经验教训总结、客户数据信息、企业可提供的支援情况等。根据行业的不同，这个数据库的项目也应有所不同，这样就可以为一线人员提供很多思考与行动的决策依据，也为组织积累了宝贵的经验与数据。

☞交互式大客户资源整合

在大客户交易中，常常出现买东西的趾高气扬，卖东西的低三下四的情况，原因就是主动权与利益关系不对称造成的。如果我们此时成了大客户的大客户，那么关系对等了，客户自然就好谈多了。这里提供两种模式：

一是针对两家不同供求商品的客户。比如，一家特钢生产企业同它的客户一家地产开发商谈判——如果你购买××企业的××控水阀门，我就以优惠的价格向你们提供建筑特钢。回头找另一个大客户金属阀门厂并与之谈判——如果你购买我们的××吨特钢，我们就保证某地产开发商购买你们××支阀门。如此三方受益，虽然给地产商让出了部分利润，但却成交了两笔生意，还是划算的。

二是分别针对上下游客户。比如，一家木材企业同一家木材加工机生产企业谈判——如果你购买我大客户企业的办公桌椅，我就买你××台木材加工机器；反过来和销售办公桌椅的大客户谈判——如果你购买我们的××米木材原料，我就保证我下面的客户买你××件办公桌椅。

这就像一条生物链，我们把其巧妙连接起来就可以获得收益，甚至创造共赢。

☞客户推荐

在很多行业中，同业之间的关系都很密切，如果能让现有大客户替你去向其他客户推荐一下你们的产品或服务，效果将远胜过业务人员的穷追猛打。

让客户帮助你推荐，方法有两个：一是让利益作为杠杆。比如，介绍一位"下家"将对此客户产生一定的好处，这种好处根据行业的不同，内容也不同，如推荐客户可以共享被推荐客户的一些资源，购买产品或服务有更大优惠等；二是最直接有效的方法，就是与负责人搞好关系，这样请其动动嘴就容易得多了。如果同时具备以上两个条件，让客户做你的推销员应该不是难事。

当然，客户的推荐只是帮我们打开了下一个客户的大门，进去之后还要我们自己努力。

☞重视决策者身边的人

大客户企业内的助理、秘书等一些决策者身边亲近的人，虽然没有决策权，但却有很强的决策影响力，甚至业务成败的关键都是由这些人决定的。

这些人就像钟表里的齿轮——一个齿轮不能推动钟表的行走，但是一个齿轮却可以让钟表停止行走。如果善加利用这些人，他们将成为你此笔业务的开门人、引路者。我们可以从他们身上了解到各种信息，得到各种帮助，反之则可能带来很多麻烦。

由于行业间的差异性因素较多，大客户开发技巧也各有不同，无法一一尽数，只能列举上述一些通用的技巧，更多的是希望能够给大家一些启示，拓展一下思路，以便更有效地整合客户资源，推动销售进展。

整合信息资源：借天下智慧，赢天下财富

在哪里获得智慧？在信息中。在哪里赢得财富？在信息中。在市场经济条件下，信息已经成为一种极其重要的商品。整合信息资源，就是借天下智慧，赢天下财富。

☞信息资源整合的必要性

信息作为一种人类传播的资讯有其自身的特点。从整合信息资源角度来看，一是因信息的碎片化而需要整合；二是因信息的时效性而需要整合。

先来看信息的碎片化。图 7 - 1 是一个信息的价值与碎片化的抽象描述，图中标注的一些信息形式或者媒体，是信息的价值和碎片化程度的综合体现。

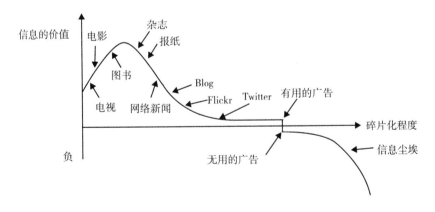

图 7 - 1　信息的价值与碎片化程度

当信息碎片化程度很低的时候，其价值较高，但由于传播途径和传播方式的多元化，使得信息被碎片化，因而其本身对人的价值也偏低。

再来看时效性。信息的时效性和信息的价值是紧密联系在一起的，如果信息本身就没有价值，也就无所谓时效性了。比如今天是 18 日，你看到了 17 日有张学友演唱会消息，这个信息就没有价值了，也就是说没什么时效性了。信息的时效性就是信息在一定时间范围内的效力，说白了就是这个信息过期没过期。

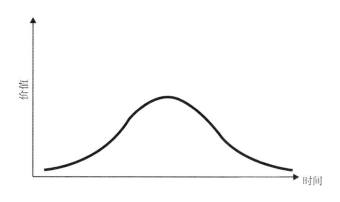

图 7 - 2　信息价值随时间变化

从信息的价值和时效性来看，信息只有经过整合才能产生价值，零散的信息只能是新闻性的，无法体现真正的商业价值。所谓整合信息资源，就是从海量信息中收集有价值的信息资料，并进行分析研究，形成企业各种决策的依据。

☞实施企业应用集成

众所周知，许多企业 IT 系统的设计和建设诸如企业资源规划（ERP）、客户关系管理（CRM）、供应链管理（SCM）以及其他商业应用系统都是自包含的独立系统，每个系统都包含它自己的应用、流程以及数据。随着电子商务的发展，人们需要将这些系统、应用、流程以及数据有机地结合起来，更好地为市场和客户服务。EAI 系统就是其中之一。企业为了满足客户和商业伙伴对实时信息的需要，被迫连接他们遗留的系统来增加产出、提高效率以最终使顾客满意。这最终导致了企业应用集成（EAI）的发展。

EAI 通过建立底层架构，来联系横贯整个企业的异构系统、应用、数据源等。

EAI 追求建立一个灵活、标准的企业应用底层架构，以允许新的基于 IT 的应用和商业处理更容易和更有效地被连接。这个架构允许企业中的应用能够实时地、无缝地互相通信，以保证对供应商、客户做出快速响应，确保在激烈的竞争中立于不败之地。

企业应用集成的实施，主要有以下几种整合策略方式：

一是业务过程集成。对业务过程进行集成的时候，企业必须在各种业务系统中定义、授权和管理各种业务信息的交换，以便改进操作、减少成本、提高响应速度。业务过程集成，包括业务管理、进程模拟以及综合任务、流程、组织和进出信息的工作流，还包括业务处理中每一步都需要的工具。

二是应用集成。为两个应用系统中的数据和程序提供接近实时的集成。在一些 B2B 集成中，它可以用来实现 CRM 系统与企业后端应用和 Web 的集成，构建充分利用多个业务系统资源的电子商务网站。

三是数据集成。为了完成应用集成和业务过程集成，必须首先解决数据和数据库的集成问题。在集成之前，必须首先对数据进行标识并编成目录，另外还要确定元数据模型。这三步完成以后，数据才能在数据库系统中分布和共享。

四是平台集成。要实现系统的集成，底层的结构、软件、硬件以及异构网络的特殊需求都必须得到集成。平台集成处理一些过程和工具，以保证这些系统进行快速安全的通信。

五是云集成。基于云的数据集成在很多时候是有效的。但是基于云的应用集成（基于云的 EAI）就有点新品上市的意味了。

通过以上集成，企业应用集成使得企业众多信息系统都与一个由中间件组成的底层基础平台相连接，各种"应用孤岛"、"信息孤岛"通过各自的转接口连接到一个总线上，然后再通过一个消息队列实现各个应用之间的交流。就像几个只会讲各自母语的人遇到了一个"万能翻译"一样，不同的信息系统之间终于可以流畅对话了。

系统之间借助企业应用集成实现良好的沟通，可以极大地减少以往通过手工处理导致的资源消耗（打印成本、人力成本、时间成本），为企业创造了价值。在此基础上，它还可促进一个企业与另一个企业的应用系统的整合，以实现企业同供应商、经销商等合作伙伴之间更加紧密的协作关系。

☞识别企业内部信息

对于企业信息资源的开发利用来说，首要的事情是识别企业内部的信息功能，然后依据企业的战略目标规整淘汰、优化配置、重新组合，形成内在一体的组织机构和管理制度，最终在资源共享的基础上实现企业信息功能的放大作用。具体来说包括以下四个方面：

一是重组企业内部的所有信息机构。企业内部的信息机构都存在不同程度的重叠问题，因此，它们可以精简归并，建议公司设立信息资源开发科，归公司战略规划部管理，统一协调公司的信息资源开发利用工作。

二是完善企业信息资源开发激励制度。信息资源开发利用不是某一个部门或某几个人的工作，而是关乎全体员工的大事，必须设计一套完善的管理制度、激励制度，真正调动起员工的积极性，投身到资源开发中来才有可能搞好这项工作。

三是确定企业应该拥有哪些信息功能。现代社会是一个高度分工的社会，企业承担所有的信息功能是不实际的也是不经济的，企业所拥有的应该是能够满足企业战略信息需求的信息功能单元，满足企业管理者和雇员一般信息需求的信息功能应该由社会或社区来承担；另外一些功能外包出去可能效果更好，企业应主动"割爱"，如行业政策研究就可以委托社会上的有关研究组织承担。

四是完善信息资源共享和利用机制。利用现代化的信息工具，为企业员工收集的信息提供统一的共享平台，企业内部员工都可以根据其权限访问这些信息资源。为了让这些信息资源真正得到利用，还必须设计一套制度使得信息资源真正为管理决策和企业运作发挥其应有的作用。

总之，整合信息资源是企业信息化建设和管理的核心，通过对信息资源的整合利用，是取得竞争优势的关键，是企业生产活动实现价值增值的有机链条。因此有效实施企业应用集成，识别企业内部信息，是企业良性循环以及可持续发展的一个重要保障。

并购整合：渠道联盟，构建利益共同体

在产品、价格、营销模式日益同质化的今天，渠道资源的战略重要性凸显无余。生产商开始以各种利益共同体的形式巩固自身渠道，通过并购整合，打造渠道联盟，构建利益共同体将成为未来厂商渠道建设的主要方向。同时，并购完成后，必须妥善处理好渠道资产，因为这是维护渠道联盟稳定必不可少的举措。

我们先来看两个渠道并购整合的成功案例：

☞宏达高科对优势渠道资源佰金公司的收购

2011 年 10 月 27 日，上市公司宏达高科与上海开兴医疗器械有限公司、自然人金玉祥签署了《股权转让协议》，决定以自有资金人民币 9800 万元的价格收购上海佰金医疗器械有限公司 100% 股权。

　　佰金公司 2010 年全年营业收入 591.9 万元，净利润 24.4 万元，而 2011 年前三个季度却完成了 4015.9 万元的营业额，而净利润则高达 1317.4 万元，根据中京民信给出的评估报告，佰金公司的公允市场价值为 10033.52 万元，评估增值 8817.46 万元，增值率高达 725.08%。公司董秘朱海东表示，佰金公司本身拥有的资源良好，并且未来有比较好的预期，而且未来的发展规划也比较符合我们的要求。

　　为了降低收购风险，宏达设计了特别的交易结构：开兴公司的实际控制人金向阳承诺，开兴公司将收到的股权转让款减去应缴所得税后的 80% 用于二级市场购买宏达高科的股票，而该部分股票在次年的 1 月 1 日前不得转让，在 2013 年 1 月 1 日至 2018 年 12 月 31 日内是按照每年一定的比例转让；而金向阳本人将继续持有开兴公司所有股权不低于 9 年。对于 2011～2016 年的业绩，金向阳也分别给出了 1000 万元、1800 万元、2000 万元、2500 万元、2600 万元、2800 万元的业绩承诺，如果佰金公司当年完成了业绩承诺，将业绩承诺净利润扣除依法提取的公积金后，全部用于现金分红上缴上市公司，而如若未能完成承诺，将由金向阳用现金补偿差额，如果未能做到，则由宏达高科股价折合相应股份后从开兴公司所持宏达高科中扣除，并由上市公司以总价 1 元回购并予以注销。

　　宏达高科原来的主业是纺织业。近年来，纺织行业的景气度逐步走低，公司业绩也随之下滑：2009 年上半年，公司营业总收入 1.45 亿元，比上年同期减少了 14.32%，营业利润仅为 358 万元，同比下滑 44.28%。为了摆脱业务下滑风险，在 2009 年末，公司首次提出转型医疗设备，收购威尔德医疗的重组方案。在 2011 年上半年，公司营业收入较上年同期增长 70.58%，利润总额同比增长 100.56%、归属于上市公司股东的净利润同比增长 87.00%，威尔德医疗电子有限公司报告期内其 B 超产品业务占公司主营业务收入的比重为 19.86%。

　　通过并购，进入新的业务领域，实现公司业务转型，不失为一个可行的途径，但因为公司的业务、运营、组织管理需要同时变革，对企业的能力提出了较高的要求。看来宏达高科转型于医疗器械业务已是势在必得。本次收购上海佰金，是为了增强医疗器械的营销渠道，与此前并购的深圳威尔德医疗电子有限公司形成业务协同，弥补威尔德的营销短板。借助佰金公司的渠道优势，威尔德的销售增长将更有保障，促使宏达转型加速前进，有利于提升整体业绩和估值水平。

宏达公司为了吸取并购深圳威尔德的经验教训，本次并购，设计了带有附加经营条件的交易结构，上海佰金原股东并不能在并购交易后马上将股权转让款落袋为安，实际转让价值还要视未来上海佰金的业绩与宏达高科公司整体市值来定。溢海投资顾问认为，类似这样的交易结构安排，不仅解决了交易双方在交易标的上的估值分歧，还可保留原股东在经营上的资源与能力，不失为一个好方法。

☞都市丽人的"全渠道会员营销"模式

实体零售企业"触网"最大的难题就是如何处理线上和线下渠道之间的资源矛盾，都市丽人携手IBM、太湖云计算公司首次向业界公开披露其"全渠道会员营销"模式，实现巩固线上、线下的关系，形成利益共同体，为行业提供了一条全新的渠道资源整合思路和进行了有益的探索。

首先，都市丽人实施线上线下"融"界经营。

在以前，实体零售企业"触网"的过程中，最大的难题就是如何处理新兴线上部分和已有的线下渠道之间资源上的矛盾，这也是整个业界在发展O2O模式中需要面对的难题，线上线下关系的处理也在一定程度上决定了两部分未来，是携手共荣还是内斗互消。一些企业采取回避战略来处理问题，以致出现线上、线下同品不同价，同品，甚至有部分企业在线上部分启用全新的品牌以区别线下。这些方式虽然看起来可以避开线上、线下在营销上的矛盾，实际上是为企业发展埋下了一颗不定时炸弹，混乱的定价和产品线，轻则让消费者对品牌认知产生混乱，重则让企业信誉受到不可逆转的负面影响。

在都市丽人看来，同一品牌下，线上、线下是不可分割的一个整体。在规划电商平台的过程中，都市丽人对线上、线下的关系重新进行了定位。配合"全渠道会员营销"战略，都市丽人将电商平台定位为对零售渠道的补充，与线下一样是销售渠道的一个表现形式。在靠实体店起家的都市丽人看来，实体门店才是运营争夺的关键点，即便开启了线上业务，也是一种互融互通的跨界整合。

基于这一定位，都市丽人创新性地制定了独特的电商平台运营模式：电商平台向会员售卖商品后所产生的利润，扣除运营成本后的所有收益均分配给会员注册的门店。全新的利益分配模式改变了线上与线下的关系，都市丽人电商平台与线下门店、加盟商等营销渠道不再是此消彼长的竞争，而成为一种互相促进的双赢结构。

都市丽人的电商运营将围绕会员卡进行，即所有的线上购买订单，都会对应一张会员卡。在网络中新注册的会员，会提示办理一张会员卡，对应客户所在的就近门店，这样这张会员卡消费产生的利润，我们会扣除一定的运营费用，然后返给这家门店；而原有的会员卡，在网络中购物产生的利润，同样扣除一定的运营费用后，返利润给办理会员卡的门店。

此外，通过大数据分析，都市丽人可以更好地把握会员的需求，以及不同区域、不同特征人群对商品的感受。基于这些数据，都市丽人能够更精准地研发和投放商品，最大可能对商品流通进行优化，并且为会员提供更加贴心和顺畅的服务。

从商品流通，到会员服务，到巩固线上、线下的关系——都市丽人"全渠道会员营销"战略以及电商平台的上线，对国内实体零售企业来说是一次前所未有的理念创新。

其次，都市丽人以会员为核心实现双赢互动。

在都市丽人看来，内衣行业的电商必须有别于现行的电子商务平台。内衣的购买除了要满足视觉上享受外，消费者更注重穿着舒适度。因此，内衣的消费诉求无法简单通过电子商务手段得到有效满足。

在这个渠道中，线下门店是零售企业生存和发展的根基，电商实际上是实体销售终端的必要补充，门店不应成为网络销售的免费试衣间。通过对自身特点的认知和优势的挖掘，都市丽人解决了线上、线下竞争的难点，改变了线上、线下之间的关系。经过全新设计的电商平台不仅提供新渠道，更是帮助线下业务实现持续高速发展的全新助力。

此外，该平台还很好地解决了以往品牌很难收集终端用户消费数据问题。"全渠道会员营销模式"就是以会员为核心，通过互联网与终端门店的结合，大大缩短了会员与品牌的沟通成本，品牌也在第一时间了解到用户的消费诉求，让品牌真正做到了解市场、了解消费者，为品牌产品开发、精准营销提供有力的支撑。

都市丽人所设计的电子商务模式是一种基于门店服务的线上平台，是一种能对线下门店实现滋养和补足的全新商机。这种整合式营销战略既能利用好网络营销平台，又可以充分保护实体店的利益和积极性，从而走出一条双赢互动的发展之路。

最后，都市丽人携手 IBM 用创新思路做生意。

事实上，在与 IBM 合作之初，都市丽人并不清楚智慧商务这个概念到底是在讲什么。经过与 IBM 近一年的合作，都市丽人对智慧商务有了更清晰的理解，在都市丽人看来，智慧商务就是以创新的思路和思想去做生意。

企业在实现创新思路的背后必须要有相应的技术手段对其进行支撑。在与 IBM 的一期合作中，都市丽人选择 IBM iLog 优化解决方案从门店的补货系统到排班系统，利用信息系统对产品信息、库存信息进行管理。自 2013 年 5 月都市丽人第一批补货系统试点成功上线，到 2014 年推广门店已达到近 100 家。这些推广门店的商品结构得到了很大的改善，库存降低 50%，同时门店的营业额贡献率则提升 5%。都市丽人在 2014 年 4 月完成对华南和华北两区门店补货系统的推广，覆盖门店达 500 家。

再说排班系统，在采用手工排班的时候，排一周的班要花费一个店长两三天的时间，而现在只需一分钟就可以了。通过有效的排班机制，都市丽人在确保门店提供优异的顾客服务并完成销售任务之外，更实现了公司优化利润与员工满意度的最佳平衡。

到底什么是智慧商务呢？智慧商务就是让你的货到最热卖的地方卖掉，让你的人在最需要的地方出现，让你的整个生态系统愿意和你一起合作，这就是所谓的智慧。IBM 作为智慧商务解决方案的提供者，拥有全球领先的思维，但是到了中国需要去落地，需要更接地气，更充分地了解中国客户的需求。在与都市丽人合作的过程中，都市丽人把他们的业务模式与我们分享，这是很难能可贵的。都市丽人与 IBM 进入二期合作，其合作重点是"全渠道会员营销"平台的设计和规划。

都市丽人的全渠道会员营销的概念有别于 O2O 模式，无论是线上还是线下，为会员提供一个可以购买的渠道才是根本。都市丽人是在为会员提供更全面的购买渠道，会员可以在网上买，也可以在门店买。我们只是为会员提供一个购买的可能，一个围绕会员更完善的服务。

目前，都市丽人已成立专门负责信息化运营的新技术商务部。都市丽人高层认为，零售企业的未来就是 IT 公司，未来的零售公司里不会再存在单独的 IT 部门，因为 IT 本就是零售里的一部分。如何用创新的想法应用 IT 技术帮助零售企业去做事情是每个企业都应该去思考的。

都市丽人"全渠道会员营销"战略以及电商平台的上线，将为解决电商业界在探索 O2O 发展模式过程中一直难以解决的线上、线下关系提供一条全新的思路。

☞并购后的渠道资产整合

维护牢固的渠道利益共同体，对渠道资产的整合必不可少。并购完成后，要想实现预定的并购目标，还必须对并购双方进行整合。渠道资产作为并购后整合中的重要资产对于并购后企业整合的成功具有重要作用。通过资产整合，可以剥离非核心业务，处理不良资产，重组优质资产，提高资产的运营质量和效率。

渠道资产整合有两种策略：一是对于不良资产进行剥离；二是整合优质资产。对于不良资产进行剥离是资产重组首先要解决的问题。不良资产阻碍企业的核心竞争力；耗费企业现金资源；耗费企业管理资源；不产生净现金流；通常不盈利或少量盈利。不良资产的剥离可以通过出售、出租、承包经营和原股东回购等方式进行。

剥离了不良资产后，优质资产要根据不同情况分别给予处理。对于不属于企业核心业务但是盈利能力较强的资产，可以由原来的经营股东继续经营；对于符合企业发展战略、收益水平较高的资产，可以由并购方直接经营；对于和并购方有很强的关联性和互补性的资产，并购方可以进行资产置换。

这两种策略的运用必须遵循的原则就是实现资源的优化配置和并购双方的共赢。在渠道资产整合过程中，针对各种具体资产要实行不同的整合方法。

一是流动资产的整合。流动资产包括货币资金、应收款项、存货、短期投资。企业并购必然带来流动资产总量的增加。进行流动资产整合必须遵循以下原则：合理预测和控制流动资产的需要量和占用量，既能保证企业的生产经营需要，又无积压浪费；合理组织和筹集资金，保证生产的正常运行，加速流动资产的周转速度；平衡收支、分析流动资产的结构和比例，以合理较少的占用量，取得较高的经济效益。

二是固定资产的整合。固定资产能够在若干个生产经营周期中发挥作用，并保持其原有的实物形态，但其价值则由于损耗而逐渐减少。这部分减少的价值以折旧的形式，分期转移到产品成本或费用中去，并在销售收入中得到补偿。固定资产可以做以下处理：已拆除的老工程及不能正常生产的设施予以剥离；已完工但尚未转入固定资产的工程，将其转入企业资产；对部分生产所必需，但不属于企业的设备予以租赁使用；对规模小、价值低的非经营性资产，如果是今后公司所必不可少的设施，应该予以保留。反之，予以剥离。并购方应该在制定并购方案时就明确吸收与剥离资产的界限，以便将需要剥离的固定资产从目标企业的全部资产中提取出来，从而减少以后的整合工作量，节约整合成本。

三是无形资产的整合。无形资产是指特定主体所控制的，不具有实物形态，对生产经营长期发挥作用且能带来经济利益的资源。在企业并购中，无形资产的范围更加广泛。除了会计学上所说的内容外，无形资产还包括企业的机构知识资源、企业管理层的能力、企业战略、企业文化、机构组织架构的合力、客户、销售渠道、战略联盟、员工、供应商、合作伙伴等。从某种意义上说，这种无形资产的整合与有形资产整合同等重要。

四是长期投资的整合。长期投资是指企业直接向其他单位投资且回收期限在一年以上的现金、实物和无形资产，以及已购入并不准备在一年内变现的股票、债券等投资。在企业并购中，长期投资整合的重点是长期股权投资的整合。并购方应该对目标企业的长期投资进行分析核算。长期投资应根据不同情况分别采用成本法或权益法核算。

渠道联盟阶段中企业之间的关系有区别于市场交易下的情况。企业之间存在共同的目标，且每个成员的目标受到整体目标的制约和其他成员目标的影响，企业之间的行为具有必要的协同，特别是企业之间专有资产的投资更是将联盟中企业之间的关系更紧密地捆绑在一起。因此，只要对流动资产、固定资产、无形资产以及长期投资进行卓有成效的整合，联盟关系就会更加稳固。

第八章 文化运营：企业生存和发展的灵魂

企业文化是企业综合实力的体现，是一个企业文明程度的反映，也是知识形态的生产力转化为物质形态生产力的源泉和动力。新形势下，市场竞争的核心是企业文化的竞争。优秀的企业文化可以打造出强势品牌，强调客户至上，其激励功能、约束功能和凝聚功能能影响员工的行为模式，对内部控制执行起到促进作用。

文化：品牌的"兴奋剂"

有人说："如果有人想欧洲化，他必须去买一辆奔驰车；如果有人想美国化，那他只需抽万宝路，穿牛仔裤，喝可口可乐就得了。"话虽说得夸张了点，但却一针见血地道出了特定的文化品格和韵味在市场定位中的强大生命力。奔驰、万宝路、可口可乐不仅是一辆车、一种香烟、一种饮料，更是欧美文化的象征，而这正是其他企业难以学习和模仿的优势。

不可否认，许多人都知道优秀而独特的企业文化是使世界500强出类拔萃的关键，可到底什么是企业文化呢？这种"文化力"又是怎样影响着品牌的呢？企业该怎样利用文化打造出强势品牌呢？在这里，让我们先来看看联想集团用文化缔造的传奇。

☞企业文化缔造的联想传奇

联想集团的前身是中科院计算所于 1984 年投资 20 万元人民币，由柳传志、李勤、王树和等 11 名科技人员创办的新技术发展公司。在公司发展过程中，联想勇于创新，实现了许多重大技术突破，登上了中国 IT 业的顶峰。2005 年 5 月，联想完成对 IBM 个人电脑事业部的收购，迈出了国际化最重要的一步，也标志着新联想的诞生。截至 2013 年，联想集团荣获中国品牌价值研究院、中央国情调查委员会、焦点中国网联合发布的 2013 年度中国品牌 500 强、全球企业第 329 强。

联想集团的品牌价值、销售业绩、市场份额呈逐年上升的趋势，这与联想领导班子的战略决策和企业的经营管理乃至联想的企业文化理念是分不开的！

诚然，文化缔造了联想的传奇。

表 8 - 1 联想文化内容

联想文化	联想文化内容
联想愿景	高科技的联想；服务的联想；国际化的联想
联想使命	为客户，联想将提供信息技术、工具和服务，使人们的生活和工作更加简便、高效、丰富多彩；为员工，创造发展空间，提升员工价值，提高工作生活质量；为股东，回报股东长远利益；为社会，服务社会文明进步
联想价值观	服务客户；精准求实；诚信共享；创业创新

联想集团企业文化中的几个细节颇值得关注：

一是联想的服务文化。在联想的价值观中，"服务客户"被放在 16 个字的最前面；在联想使命中，"为客户"是联想四大使命中的第一个。联想将愿景规划成"高科技的联想、服务的联想、国际化的联想"。如今，联想在深化服务的同时，将服务提到一个新的高度——培养"服务文化"。

联想认为，服务分两个层级。较低一层的是售中与售后服务、售后服务、24 小时热线、上门维修等，这方面的改进较容易，且已被绝大多数企业认识到。较高层级的是售前服务，就是站在客户的角度搞研究，如何将用户的理念、用户的思维模式、用户的行为方式注入产品的设计过程中去，尽量减少售后问题。为保障在两个层级上都能做好，联想提出"客户体验"计划。联想将"客户体验"视为服务转型的通行证。

"客户体验"的实质并不新鲜，只不过是从传统消费行为和心理学理论中的"用户需求"发展而来。"客户体验"更强调用户未能表述的"潜在需要"。联想将"客户体验"主要分成两部分。一部分是让业务部门以及相关部门转换角色，作为客户充分体验客户的所思、所想、所感。另一部分就是建立联想的客户研究中心，站在用户的角度来对产品进行开发设计。

二是联想的品牌文化。联想从"零"开始，将一个中关村的贸易小店发展成一个国际品牌，其品牌的魅力，远远超过了产品本身。联想要做百年老店，其在描述愿景时曾表示，未来的联想是"高科技的联想、服务的联想、国际化的联想"。联想为自己塑造的品牌个性是：30～35 岁的中年男性，关爱，有品位，具有战略眼光。这一做法与国际著名品牌有许多相似之处。比如 IBM 给人的感觉更像是中年男性，而 SONY 则女性化一些，万宝路则处处突出自己的男性化。

在联想，大到上百条生产线，数以千计的渠道、维修点、楼顶标示，上万名员工，小到一个纸杯、一个胸卡，都与品牌切换密不可分，联想要求每一个员工必须密切配合，并给予新品牌内涵充分的支撑。

三是塑造严格文化下的精细化管理。联想在塑造严格文化时，一个重头戏就是推行精细化管理。精细化管理最突出的贡献在于成本控制，一个实现管理精细化的企业，一般都能够把成本控制到最优，因为管理的精细化能够优化流程、提高品质、降低不必要的损耗，把可以省的钱都省下来。

联想实行精细化管理做到了四点：第一，系统化思考。越高层的领导，系统思考的能力就需要越强。以控制成本为例，联想的成本一直控制得比较好，所以有较大的盈利。要进一步降低成本，应依靠更高层面的成本核算，即在系统设计时就要充分考虑成本，而不是把节约成本的工作完全依托在每个岗位的自觉上。第二，抓住流程。应对关键的流程进行梳理。企业的一切活动都是在流程中进行的，要让价值流流动起来，在明确的价值流过程中消除所有的浪费，提高流程的效率。这就需要跨部门的协作，也是需要有整体增值意识的。第三，标准化。所有的工作，都应该有它的标准，这些标准应是量化、可以测量的。比如，在验收工作成果时，如果没有达到标准，要进行原因分析，并采取必要行动。第四，持续改进。"精细化"既是联想的目标，也是过程，无论是公司还是个人，都要具备一种不断挑战自我、不断改进、持续创新的精神。

联想精细化管理的最终目标是在公司形成一种"精细化管理"的文化，每一个人都在自觉维护这些规范，做事的时候都知道事情的目的和对最终客户及股东的价值，并主动寻找最有效的方式去完成，达到一种最理想的状态。

☞文化是品牌的"兴奋剂"

从联想集团的品牌文化与企业文化建设历程中，我们不难得出这样的结论：没有文化，就没有品牌，文化是品牌的"兴奋剂"。具体来说，文化对品牌的意义体现在以下四个方面：

第一，企业文化是品牌打造的内在核心。一个成功的企业必须有自己的强项品牌，企业文化是产品内涵的重要组成部分，没有优秀的文化作为支撑，品牌就失去了生命力，只有经由正确的文化的支撑和引导，企业才能生生不息。

第二，在品牌的定位中，企业文化是主导。一个品牌的定位和成形与企业的价值理念是紧密相连的，任何产品都不是万能的，但是任何产品都可以有自己的特点和个性。那么某一行业在结合本行业的特点与市场特点进行分析所规范出来的自己的准则和目标就是定位的形成，而产品的或服务的定位又更加促进企业文化的完善与深化。不同的企业文化铸就不同的品牌，不同的品牌折射着独特的企业文化，形成自己的风格，品牌的塑造离不开这种文化所带来的鲜明的个性。总体而言，企业的风格和产品定位与最初创业者的理念和观点所形成的企业文化有着紧密的联系。

定位是品牌建设中十分重要的一步，正确的定位将是产品成功营销的关键，品牌定位不明，品牌个性则显得模糊不清，产品就无法敲开消费者的心扉。在产品的同质化现象日益严重的情况下，只有人性化的差异表现才能从内心深处深深地感染人们，定位不明，缺乏个性和文化内涵的产品，很难在消费者心中占据有利位置。

第三，优良的企业文化使品牌获得消费者的好感。准确的定位可以将产品转化为品牌，但是一个品牌能否获得成功很重要的就是要获得消费者的认同和好感。在今天，许多产品在技术、价格、质量等方面几乎都没有差别，左右消费者态度的便是这个企业所表现出来的一些内容，就是一种企业文化的冲击力。要使消费者认同，就要以高标准来要求和约束自己，要遵守社会规则和社会共同认可的道德标准和行为，要表现出优良的品质，良好的道德，甚至较高的社会责任感，企业就需要不断自我提升和修炼。如果一个企业给环境造成巨大的污染，不论其产品的质量有多么的优良，都很难得到消费者认同，就更谈不上美誉度和好感了。

第四，企业文化作用于品牌与消费者的沟通关系。品牌的经营需要与消费者有互动，需要消费者的反馈。在销售过程中，不但要注重营销的利益，更应关注消费者作为人的特点和需求。理性的做法应该是既不把消费者当成追随者也不奉为上帝，而是将消费者当作朋友去对待，尊重人性。

☞利用文化打造出强势品牌

很多企业都在致力于打造强势品牌，尤其是在中国市场消费模式和企业运营模式都处于关键的转型期之后，企业更加意识到品牌的重要性，如何通过强势品牌的打造确立领先地位，成为很多企业正在寻求的一个重要突破点。

一是了解顾客，发现需求。企业的市场营销信息来源于市场，很多知名品牌企业都是通过连续不断地市场调研和信息收集来研究目标客户和顾客，有些企业甚至在营销过程中建立有效的沟通渠道，保障信息流的畅通。凡是注重市场信息和市场调研的企业，其品牌地位明显强于其他品牌。一个强势品牌要清楚地知道你的顾客是谁？他们的消费理念是什么？他们的购买习惯是什么？他们有什么样的核心需求？他们的需求需要通过什么样的产品和服务来满足等。有人甚至比较极端地提出，打造强势品牌的首要着力点就是要像了解你的伴侣一样了解你的客户。

二是保持长期战略思维。品牌的成功并不是朝夕之功，很多国内企业过于急功近利，常常通过一些市场炒作或者制造突发事件等非常规营销手段，使品牌迅速被消费者熟知和了解，到后来却因缺乏品牌的系统化建设和投入，导致品牌成长周期如昙花一现。还有很多企业，在遇到品牌建设的挫折时，无法坚持下去，导致品牌夭折。

三是持续产品创新。一个品牌的成功是离不开持续的产品创新的，世界上很多跨国公司都投入巨大的研发费用来保证产品的持续创新。如今的中国，处于经济转型的十字路口，产品创新对于品牌的市场地位来说尤其重要，具有产品创新意识的企业，才会保证品牌资产的增长，保持品牌的核心竞争力，丰富品牌内涵。

四是质量战略品牌支撑。产品质量是品牌市场地位的最大支撑因素。没有过硬的产品质量，不但不会树立起良好的品牌形象，相反，还可能会破坏在消费者心目中业已形成的品牌声誉。很多企业就是因为忽略产品质量而被市场淘汰，也有很多知名品牌就是靠质量战略攻城拔寨，取得了强大的品牌市场地位。无论是科技含量高的产品还是科技含量低的产品，企业都把严把质量关作为对生产环节的首要要求。关于质量成功的例子不胜枚举，由于质量问题而被市场淘汰的例子也不鲜见。最典型的例子是曾经出现的三聚氰胺事件，三鹿品牌也因此由价值百亿的品牌变成负品牌，被市场无情地淘汰出局。

五是产品线扩展战略。许多企业为了保证品牌的宣传推广力度和效率，实行产品线扩展战略。通过生产不同规格和形式的产品，来保证目标市场和消费者有更多的选择空间和余地，并可有效地获得更多的货架陈列空间，从而有效防止竞争者认为还有尚未被满足的需求而挤进来的局面。就洗发水而言，宝洁公司的洗发水有多种副品牌、形式和规格的产品，如潘婷、飘柔、海飞丝等，每个副品牌有不同规格的包装，甚至还有不同形式的包装，如袋装和瓶装等。在产品线扩展战略的使用上，娃哈哈集团做得非常有效，不但成功打造了营养快线、爽歪歪、启力等子品牌，而且使母子品牌之间的运营有机结合恰到好处，堪称中国企业产品线扩展战略的典范型企业。

六是品牌扩展战略。许多企业往往通过品牌扩展战略去推广其新产品，在一个强有力的现行品牌名称下推行一种新产品，可以保证新产品迅速被市场认可和承认及较多的依赖，同时，能够减少企业很多品牌宣传和市场推广方面的开支和费用。近年来，品牌扩展战略被越来越多的企业所认可，然而在使用这一战略过程中，企业要避免品牌概念冲突等问题，比如保健品品牌就不适宜拿来继续推广普通食品品牌，这样会给人一种普通食品具有保健功能性的认知，也可能会造成人们对于新产品价格认知的不对称性。在中国饮料行业的发展过程中，品牌扩展战略被广泛地应用，比如康师傅从最初的方便面开始，逐渐地将品牌扩展到茶饮料、纯净水、果汁饮品等，就取得了不错的效果。其他诸如娃哈哈、统一、汇源等品牌也都采取这一战略。

七是多品牌战略。一个公司在相同产品类型中推出几个品牌，以便每种品牌能够满足不同细分市场和消费者的需求，并能够与一些特定的竞争者展开市场营销竞争。这样的战略比较消耗企业的营销资源，同时，企业必须为每一个品牌进行宣传推广，费用支出也相对较大。好处也是显而易见，多品牌战略可以迷惑竞争者，使竞争者在市场营销竞争过程中产生错乱感，一旦一个品牌在竞争中失利，还会有其他品牌参与到竞争中来。目前，中国本土企业采取多品牌战略的并不多见，除非在一些行业中普遍使用多副品牌战略外。宝洁、联合利华等公司采用这一战略比较充分。以联合利华为例，其旗下有夏士莲、力士、中华、凡士林、和露雪、四季宝、多芬、奥妙、家乐、旁氏、洁诺、清扬、立顿、金纺、老蔡等品牌。

八是大量广告和媒体先锋。广告依然是目前最具效果和效率的品牌推广和宣传手段之一。企业借助电视、网络、报纸、杂志等媒体，投放大量的广告，在消费者中建立强有力的品牌知名度和消费者偏好，可以帮助品牌建立稳固的市场地位。利用广告取得品牌的成功颇为多见，我国家电企业异军突起，直到建立起具有强势品牌群体的家电品牌大军，就得益于广告和媒体宣传。后来的乳品巨头蒙牛和伊利，以及保健品巨人史玉柱的脑白金、黄金搭档和黄金酒等品牌，无不是通过大量的广告和媒体宣传来取得强势品牌地位的。

九是积极进取的销售队伍。品牌地位最终还要落实到具体的市场营销活动中，企业因此而取得可观的销售业绩和利润，这是企业建立强势品牌的最终目的。一支积极进取的销售队伍对于一个品牌的推广极为重要，只有通过他们的努力，才可以保证品牌更大范围地、更加深刻地被目标市场和消费者接受和认可。如果一个品牌产品不能够在市场上被消费者很方便地购买，就失去了建设品牌的意义，品牌价值和品牌理念得不到充分地传播，也可能给品牌地位造成影响，容易导致品牌与消费者之间产生疏离感，最终消费者转向其他品牌也不无可能。可见，如何创建以品牌为核心的企业营销文化，并提升营销团队的进取心成为企业品牌地位建设的关键。

十是品牌管理系统。如果说品牌管理还比较困难，形成真正的品牌管理系统就非常艰难了。从系统建设来看，一个品牌不但要有专门的人员来进行管理负责，品牌的生产数量、营销目标、营销情况及利润水平都将与品牌专员业绩进行挂钩。品牌管理系统不但要有一套行之有效的内部运营系统，还要时刻关注市场和竞争者，以提高品牌的市场接受度和竞争能力。在这些方面，宝洁公司作为品牌管理系统的缔造者，展现了强大的能力，他们不断地追求品牌管理创新，尽管其品牌管理方法被许多竞争对手效仿，但仍然有更加有效的创新方法可被利用，并在品牌竞争中取得优势。

总之，在产品中融入文化，就为中国文化的传承找到了新的载体，为中国企业走向世界找到新的方式，为赢得尊严打下基础。

文化落地：最具挑战的变革

在众多的企业变革中，企业文化可以说是最难的一项，而让文化落地又是难上加难。它意味着要改变整个团队的行为方式和潜在假设，为了使文化变革有效，整个组织的结构、系统、程序都得用这个新的文化来修补、强化。而企业里每一位高层管理者都必须欢迎新的文化，采用全新的、与以往不同的方式来做事。因此，要让文化真正落地，不仅仅需要勇气，更要有耐心和毅力。

测试一家企业的文化是否落地，方法很简单，在这家公司里随便找个人，问他能否讲出企业文化倡导的一句话或一个词。如果回答大致相同，说明这家公司至少在文化的传承上已经深入人心了；如果每个人讲的都不一样，那么，这家公司要么没有企业文化，要么就是文化没有很好地渗透。

企业文化的落地，关键在于员工是否认知、认同，是否言行一致。但是，无论是文化的认知认同，还是言行一致，都是一个通过文化的整合提升从而积极塑造和改变员工思维习惯与行为方式的过程，只有尽可能地实现员工思维习惯与行为方式的统一性，企业文化建设才是富有效率而具有成效的。因此，企业文化建设中的转变观念，也是一个以人为本文化的视觉来思考的问题。

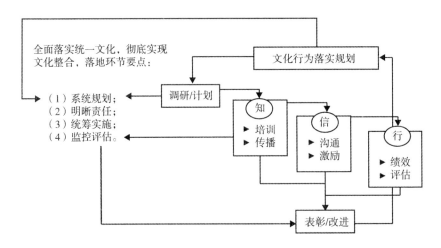

图 8 - 1 文化行为落实结构

☞文化落地应遵循的重要原则

所谓企业文化落地，就是按企业文化发挥其应有的效能与作用。为此，文化落地应遵循以下八个重要法则：

一是领导带头原则。充分发挥领导者在企业文化推进实施中的主导作用、带头作用、典范作用。

二是全员参与原则。要发动企业员工参与企业文化的讨论及实施工作，做到人人参与，事事关己。

三是多样化、系统化原则。要采用多种方式来灌输企业文化，灵活把握推进的艺术性，营造氛围，注重形式。

四是标准化原则。要使企业文化建设宣传标准化，使企业文化成为一种习惯，一套流程。

五是正确导向原则。要以文化纲要为核心，不能搞多文化、多中心，要营造正确的舆论导向。

六是统筹协调原则。强调各部门、各单位的相互配合，统一指导，不能自行其是，各搞一套。

七是战略化原则。全面重新审视企业战略、各项制度和企业组织结构层次的内容。始终注重推进的长期性，战略推进，持续发展。

八是企业文化的品牌化原则。企业文化和品牌一样，不仅需要内部认同，更需要外部认同。把企业文化和品牌结合起来，像品牌一样对外传播，坚持资源的充分利用。

☞建立一支文化变革的团队

成功的企业通常都会把文化的变革视作"一把手工程"，因为文化的变革直接推动了战略的变革，CEO 或是董事长亲自主导文化的重塑，下面有一支理解力、执行力超强的变革团队。

除了"一把手"外，高管团队也发挥了重要的作用，如果高管团队没有发挥最重要的作用，仅仅靠"一把手"推动也难行得通。

值得注意的是，HR 在文化执行过程中发挥了"变革催化剂"的作用，即变革的流程、资源协调、变革整体的推动等。如果"一把手"和高管团队发挥的是拉动作用，HR 则起到推动作用。

☞从假设到实证

企业在文化建设中，通过调研、诊断或借助外力，或以我为主，提炼提升企业的文化理念，在文化理念未通过宣贯"落地生根"时，都是一种假设，假设这样的文化理念是符合企业自身特殊性，是可以被广大员工接受的。

科学的假设可以通过文化的宣传"落地生根"，从而实现文化理念从假设到实证的转变，也是将企业决策层的文化理念转变为员工的文化理念与行为规范，从而将"企业家的文化"升华为"企业文化"的过程。但理念的假设并不必然成为实证，在文化理念的宣传中，企业所倡导的文化理念有可能被束之高阁，无法落地，这是因为文化理念的提出并不一定就是适合企业的，对此，需要企业重新审视自身的文化理念，进行积极的修正、完善与提升。

员工认知以及员工知行合一，是员工对自身的要求，同时也是企业自身的要求。以员工为本，尊重员工在文化认知、践行企业文化理念中的客观感受，完善反馈渠道建设，强化文化运行与沟通机制，都是文化理念从假设到实证所必需的。从假设到实证是行业在企业文化落地的过程中，坚持人本原则，转变员工观念，树立正确而适合自身的企业文化思维与习惯的过程。

☞系统变革与有机变革相结合

企业所提倡的文化理念是传承历史，立足现在，展望未来的，是一个积极的辩证扬弃过程，传承优秀的企业文化基因，吸收适合的外来文化因子，都包含着创新与改变，基于这样的文化创新与改变，企业的制度、组织结构、运行机制等都有可能发生改变，直接体现的是企业可能发生系统的变革、有机的变革。系统的变革在于领导者的强有力推动，有机变革则可以有效地调动广大员工的活力，把两者结合，是文化落地中必须要坚持的，只有这样才能做到以人为本，而又科学有效。

企业在文化理念倡导下发生的创新与改变，必须坚持系统变革与有机变革相结合的原则，一方面强调对企业核心价值观的坚持；另一方面，注重调动员工的活力，确保文化在固化于制的过程中，首先真正转变员工的观念，把文化的自觉与他觉结合起来，推动文化的落地。

☞管理的人性化而不是管理的任性化

企业文化建设必须坚持以人为本的原则，企业的管理也必须坚持以人为本的原则，文化的落地，转变员工的观念同样必须坚持以人为本。但企业在人性化管理的同时，必须明确避免管理的任性化。

就文化落地中的观念转变问题来看，转变员工的观念，使之适合企业文化理念所倡导的思维习惯与行为方式，所适用的方式笼统地区分包括了激励与约束两种方式，在坚持人性化管理原则的前提下，企业更需要通过强有力的制度要求，以约束的方式确保员工转变观念，这是人本文化视觉下，企业积极改变员工观念与行为习惯的有效补充方式。

总之，在文化落地过程中，要能真正转变思想观念，保证所倡导的、所提出的文化理念假设是美丽而务实的，从而达到有效激励与约束的作用。

打造高效团队文化：引导良性竞争，提高团队活力

团队文化是指团队成员在相互合作的过程中，为实现各自的人生价值，并为完成团队共同目标而形成的一种潜意识文化，包含价值观、最高目标、行为准则、管理制度、道德风尚等内容。它以全体员工为工作对象，通过宣传、教育、培训和文化娱乐、交心联谊等方式，以最大限度地统一员工意志，规范员工行为，凝聚员工力量，为团队总目标服务。

团队文化由表8-2中的各个要素构成：

表8-2　团队文化构成要素及含义

要　素	含　义
人	人是构成团队最核心的力量
共同目标	共同目标为团队成员导航，让团队成员知道要向何处去
团队定位	团队定位是要明确团队由谁选择和决定团队的成员，团队最终应对谁负责，团队采取什么方式激励下属等问题
权限	明确团队在组织中及团队内部人员的权限
计划	明确实现目标的计划和步骤

很多企业在打造高效团队文化方面取得了显著成果。例如，汕头移动班组通过打造团队文化，激发团队成员活力，在团队文化建设中独具一格，别开生面，优秀的班组文化已经成为汕头移动持续创新发展的根基。

☞汕头移动打造优秀班组文化

汕头移动一直十分注重团队文化建设，不断创新开展班组建设活动。2013 年 7 月，广东汕头移动开展班组建设"三聚"行动，通过团队文化聚心、激励文化聚气、竞争文化聚力的方式打造精英团队班组，激发基层员工激情与活力。

汕头移动潮南分公司推出"金牌员工办公室"，在办公区域开辟员工"VIP 座席"，并配备咖啡机、点心、茶具等物品，让月度、季度绩优员工轮流享受"VIP 员工"待遇，激发员工争先创优的积极性。同时，通过"相片墙"、"文化宣传栏"等方式提升团队凝聚力，增强员工自豪感、使命感和责任感，调动员工的主动性、积极性和创造性。

潮南分公司还以"争夺标旗，再铸潮南"为主题，组织微区域竞赛营造竞争氛围。如组织开展 2013 年微区域经营业绩竞赛，围绕区域业绩比拼、员工士气提振、劳动计件激励等开展活动，制作流动红旗，根据区域每月业绩授旗，促进内部良性竞争，激发员工拓展热情。已进行了 5 次授旗仪式，赶超进位氛围浓厚，生产区域目标更清晰，基层动力更充足。

在 2013 年"激扬五月，创赢未来"、"员工价值突破计划"成果 PK 中，潮南分公司以"舌尖上的潮南"为主题，将班组文化融入潮南传统美食，让参赛部门品尝潮南班组这道浓郁的"家乡菜"，实现了团队文化建设的凝心聚力。

此外，潮南分公司还重点围绕"谋幸福生活、助健康成长、促和谐凝聚"这三方面开展工作，用榜样的力量激励团队再创辉煌。2013 年 8 月 17 日，受台风"尤特"外围环流影响，潮南区遭遇强降雨。在这次抗灾抢修过程中，公司员工冒着洪水和大雨进行发电抢修，在第一时间恢复了大片区域的信号，充分显示出"榜样的力量"的重要作用。

汕头移动文化建设的成功实践证明，团队文化一旦形成，便会强烈地支配着团队成员的思想和行为，大大提高团队的活力。

☞打造高效团队文化的建议

高效团队来自统一的团队文化，加强团队文化的建设对企业的发展有着一定程度上的积极意义。那么，企业应该如何打造高效团队文化，提高团队活力，激发团队内的良性冲突呢？建议从以下九个方面着手：

一是发扬团结协作精神，相互配合。从全局出发，所有的部门、所有人共同努力，紧紧围绕企业目标，相互协作，相互配合，才能做到寸土必争，以致最后取胜。部门、同事之间少一些推诿，多一些合作；少一些冷言冷语，多一些热心帮助；少一些矛盾争执，多一些团结协作等，这样才能充分发挥"1＋1＞2"的团队效应。

二是建立无间隙的沟通方式。沟通是信息传达的基本方式，团队管理过程中信息的传达、反馈与互享是进行管理决策实施有效管理的依据和保障。可以常召开一些座谈会，同事间面对面地沟通，这是最有效的沟通方式，因为双方不仅能了解言语的意思，而且能够了解肢体语言的含义，比如手势和面部表情；举办一些户外活动和比赛能更进一步增进同事间的交流。

三是留意每个节日与员工的生日。节日庆祝与生日贺卡不仅仅是对员工的祝福，还可以调节日常的工作氛围。这一项公司正在执行，不过还可以从更多方面进一步地实行，如春节的大红包、中国传统节日送出的礼盒、儿童节送小孩礼物等，将关怀一点一滴地送出。

四是关心员工的家属。对员工家属的关怀往往更能抓住员工的心，因为在公司的种种表现让员工在家庭面前很有成就感，满足了他们的"面子"问题。比如，员工的家庭成员生病，公司可以派代表予以探望；员工的婚姻大事更希望得到全体员工的祝贺，公司不妨把这当作一次聚会的契机；员工的子女升学成功考取名校也可以给予适当的奖励等。

五是彼此间互相尊重。部门内部的每个成员间能够相互尊重、彼此理解，否则，一个团队将无法运行而走向解散；部门之间要相互尊重，对其他部门需要配合的工作积极配合。人们只有相互尊重，尊重彼此的技术和能力，尊重彼此的意见和观点，尊重彼此对组织的全部贡献，团队共同的工作才能比这些人单独工作更有效率。

六是充分挖掘员工的潜力。从团队整体利益出发思考和处理问题，是每个员工必须具备的基本责任和意识，而团队意识和技能是可以通过培训予以灌输和培养的。有人做过这方面的研究，每个人在日常工作中只运用了20%的能力，还有80%的潜能没有发挥出来，要是将这一部分的能力充分发挥利用的话那结果是不可预料的，所以，要充分授权给员工让员工充分发挥自己潜在的能力。

七是加强培训工作。培训在现代企业经营管理中是一种重要的管理手段，同时也是企业员工职业发展的推动器，它能使员工对企业文化和企业目标有深刻的体会和理解，能培养和增强员工对企业的认同感，通过培训提高员工各方面的职业素养和专业技术水平，从而达到任职资格要求，使企业和个人双方受益。培训形式多种多样，可以通过公司内部培训、向外聘请培训讲师、为员工提供脱产学习的机会以及对员工因自费而取得的劳动资格证给予一定的补贴等。

八是营造和谐的工作环境。营造良好的工作氛围是搞好团队建设的关键。人与人之间的相互影响效应是非常明显的，在企业中营造一种良好的氛围，体现人与人之间的人格平等。通过开展企业文化建设，培育共同的价值观和行为准则，营造相互鼓励、相互帮助的工作氛围，形成"胜则举杯相庆，败则拼死相救"的团队精神。以和谐的工作环境使每个员工在企业中不但干得好，还干得开心，从而不断增强企业的凝聚力。

九是激发团队内的良性冲突。不断提醒企业成员，尤其是高层领导，消除小富即安、不思进取的安逸状态；设计精益思想，追求卓越的文化制度；适度引入外部新鲜血液，刺激团队内部的竞争氛围；在企业管理权限中，适度放权，扁平化管理，增加员工的自主意识和能力是企业保持活力的有效方式；必须把冲突控制在适度范围，为此要建立良好的沟通机制，界定好沟通的方式方法，有助于事先预防这种可能的冲突偏激情况发生。

用文化引领员工业绩：建立以绩效为导向的文化环境

企业文化是一种力量，随着知识经济的发展，它对企业兴衰将发挥越来越重要的作用，甚至是关键性的作用。保持公司基业长青的法宝来源于生生不息的企业文化，特别是以追求绩效为导向的企业文化。因此，企业要想实现企业和员工双赢，应该积极建立以绩效为导向的企业文化，以此获得竞争优势、效益优势和发展优势。

☞培养共同语言

共同语言对于企业愿景的形成非常重要，包括共同价值观、共同兴趣、共同使命等诸多方面。在企业中，每个人的个人愿望或意愿都不尽相同，领导者的愿景与员工的愿景常存在着质的差别。这种情况下，员工与员工、员工与领导者之间如果缺乏共同的语言，彼此就不知对方在说什么、在想什么以及为什么这样想，更不会站在别人的角度考虑问题，思想和认识的距离就会越来越大，产生发自内心的愿景是根本不可能的事。

培养共同语言的方式主要有两种：一种是由小到大，将企业中某些小团体的共同语言引申为整个企业的共同语言；另一种是由大到小，将企业的语言灌输给全体员工，假以时日，来影响员工的思想和行为。

☞深度交流

深度交流是建立以绩效为导向的文化环境的重要一环。纵向地看，深度交流所要开辟的是每个交流者的内心，而非仅停留在表面；横向地看，它让每个交流者相互自由地交换彼此的想法，达到换位思考的境界。

在实际中，不同角度、不同思维、不同场合、不同内容地进行深入交流，当一种思想与另一种思想成功交融时，收获的永远是"1＋1＞2"的结果。

☞目标管理

建立绩效考核模式是进行目标管理的关键。绩效考核模式以目标和岗位责任为出发点，以目标管理法为基础，在组织目标层层分解至各部门的过程中，通过对部门职责的梳理，确定部门的绩效关键目标的同时明确部门应该承担的责任；在上级与部属就目标达成的沟通过程中，以组织和部门的分解目标为前提，结合员工的岗位责任，确定员工各自的绩效考核目标；在绩效目标达成的考核中，以对未实现目标的责任追究与员工完成预定目标的情况作为对其奖惩的依据，实现目标绩效考核的公平。

☞完善制度

企业文化是属于意识形态范畴，建立在一定的物质基础之上，追求卓越业绩的企业文化，规章制度的制定必须以人为本，具有一定的前瞻性和科学性。

根据马斯洛需求层次分析理论，追求意识形态范畴的境界，必须是物质条件在一定条件下能满足人们工作生活要求，才会有更高层次的需求。企业文化不是空中楼阁，保障建立基于绩效的企业文化，一定是以完善健全的公司规章制度和薪酬福利体系为基础。同时，完善各项规章制度，人性化管理，与时俱进，可以有效地增进员工对企业的认同感。

☞奖励员工

奖励企业希望的行为是企业管理的一个基本原则，也是塑造企业文化的一个重要手段，企业员工通过奖励就会知道企业希望他们做什么以及怎么做，最终形成企业的共同理想和共同价值观，通过培养员工以高绩效为导向的企业文化，就会让员工明白个人的收入是与企业在市场中的表现以及个人的工作业绩相联系的。员工要想得到奖励，就必须对企业做出贡献并取得一定的业绩。

☞实现自我超越

鼓励员工实现自我超越，对于建立以绩效为导向的企业文化至关重要。在工作中，只有员工具有自我超越欲望的时候，组织的愿景才能对他产生激励作用。假如员工缺乏自我超越的欲望，或者自我超越的欲望非常小，不但不能构建良好的愿景，即使建立起了明确的愿景，它的激励作用也会严重缩水。在这种情况下，员工就会安于现状，不思进取，就会对企业的未来失去信心。

总之，企业要想主动适应环境变化，就必须时刻保持企业文化的开放与创新，通过不断地完善和更新事业理念来推动企业文化建设和管理变革，千万不要等到环境逼迫变革的时候才有所动作，因为到那时企业已经丧失了主动权。

与时俱进，努力推动企业文化变革

科学技术发展进步推动了社会、经济的飞速发展，特别是计算机和网络技术的普及应用，世界变得越来越小，知识和信息广泛传播共享使得创新和变革活动更加频繁。全球经济一体化，使得市场竞争更加残酷，企业只有不断地变革创新，适应外部环境的变化，才能生存并获取竞争优势。因此，企业文化的变革势在必行。

☞变革思想

优秀的企业文化不是伟大的思想或响亮的口号，而是持之以恒的实践精神。优秀的企业文化不仅能指导企业在优势条件下取得辉煌的经营成果，更重要的是在劣势条件下或者是在公司错误连连时，也能步履蹒跚，最终却能赢得长距离的竞赛。

☞变革方式

真正优秀的企业文化不是只需要一个眼光远大、魅力无穷的领导者，而是需要他们专心致志地为企业建构一种大而持久的制度，不是让他带给企业一条大而肥的鱼，而是让企业找到一种捕鱼的方法，正所谓"授人以鱼，不如授人以渔"。

☞变革人才观

具有优秀企业文化的企业，不是每个人的最佳工作地点，真正企业文化的理念体系一旦确立，就跟教会一样，坚持自己的主张，对本身希望达成的目标极为明确，根本不容纳不愿或不符合它的标准的人。这里指的不符合标准的人不只是指企业的普通员工或中高层管理者，还包括企业马上要上任的新的领导人，哪怕是来了一个能力非凡的领导人，只要他不认同企业的理念，一样要被拒绝在外。如果他实在很优秀，可以鼓励他自己创立自己的企业。

☞变革利润观

利润是企业收入扣除成本和税金之后的余额，是衡量企业营销状况的重要依据。获得利润和创造利润是企业作为独立的商品生产者或经营者的本质要求。企业通过加强经济核算，努力降低成本，多获利润。变革利润观，优秀的企业文化不只是以追求利润最大化为首要目标，赚钱只是目标之一，而不是全部。

☞变革企业文化观

企业文化不是万能的，可以为企业解决任何问题。同样优秀的企业可能拥有截然不同的理念，拥有优秀的企业文化的企业不一定都是成功的企业。在企业中最重要的是理念一旦确立，公司的一切行为都必须遵循其核心价值，并在关键时刻企业能为核心价值观赋予新的意义，就像建设有中国特色的社会主义一样。

总之，企业是人的组织，只有企业的价值观和行为方式改变了，企业才能实现真正的变革创新。通过思想观念、管理方式、人才观、利润观、企业文化观等方面的变革，企业就可以与时俱进，克服现有文化结构的缺点，适应新形势的变化，推动企业良性发展。

附：商战思维精品班

第一天　解码人类大脑思维；

上午：1．解码大脑　2．打破限制思维　3．破译人类本性　4．解码潜意识核心　5．意识与潜意识的3大核心　6．人类情绪的根源　7．人生核心的追求

下午：1．掌控团队的密码　2．快速扩大格局　3．自动向前　4．团队打造　5．偶像型领导　6．魅力领袖魔力　7．价值互换核心

晚上：1．业绩快速倍增思维　2．倍增的3大策略　3．公司产品链条 4．产品创新与升级　5．客户倍增工程　6．成交倍增工程　7．角色定位分工明确

第二天

上午：1．总裁解放之道　2．公司自动运营工程　3．总裁说服力核心步骤　4．总裁潜能激发系统　5．总裁高效会议核心　6．总裁身心解放之道

下午：1．总裁掌控自我命运　2．转换圈子密码　3．随时坏事变好事 4．化危机为转机　5．自我命运掌控　6．领袖型信念的力量　7．成功的密码

晚上：1．企业商战生死点　2．产品营销工程　3．创业关键期 4．冠军团队执行　5．无敌团队掌控密码　6．多圈子导航系统

第三天

上午：1. 企业商战模式　2. 商战经典思维　3. 行销附加值产品

4．商业隐秘需求　5．人们心理纽带　6.市场的蓝海需求　7. 百亿商战模式

下午：1. 商战金字塔工程　2. 打造无病毒团队　3. 打造责任者心态4.

市场的无限商机　5. 成功捷径思维　6．企业文化　7. 爱的力量

参考文献

［1］魏炜，朱武祥. 重构商业模式［M］. 北京：机械工业出版社，2010.

［2］钱志新. 新商业模式［M］. 南京：南京大学出版社，2008.

［3］林勇主编：资本运营理论与实务［M］. 北京：科学出版社，2011.

［4］迪凯. 看不见的思维：企业文化管理才是核心竞争力［M］. 北京：电子工业出版社，2014.

［5］张庆龙，聂兴凯. 企业内部控制建设与评价［M］. 北京：经济科学出版社，2011.

［6］郎咸平等. 本质Ⅰ（修订版）：战略突围凭什么成功［M］. 北京：东方出版社，2011.

［7］周嵘. 整合天下赢［M］. 北京：石油工业出版社，2013.

［8］沈拓. 不一样的平台：移动互联网时代的商业模式创新［M］. 北京：人民邮电出版社，2012.